传统造物智慧融入荆楚文创产品设计开发研究

龚怡慧◎著

天津出版传媒集团

天津人民美术出版社

图书在版编目（ＣＩＰ）数据

传统造物智慧融入荆楚文创产品设计开发研究 / 龚怡慧著. -- 天津：天津人民美术出版社，2024.3
ISBN 978-7-5729-1512-3

Ⅰ．①传… Ⅱ．①龚… Ⅲ．①文化产品－产品设计－研究－湖北 Ⅳ．①G127.1

中国国家版本馆CIP数据核字(2024)第060937号

传统造物智慧融入荆楚文创产品设计开发研究
CHUANTONG ZAOWU ZHIHUI RONGRU JINGCHU WENCHUANG CHANPIN SHEJI KAIFA YANJIU

出 版 人：	杨惠东
责任编辑：	刁子勇
助理编辑：	孙　悦
技术编辑：	何国起　姚德旺
出版发行：	天津人民美术出版社
社　　址：	天津市和平区马场道150号
邮　　编：	300050
电　　话：	(022)58352900
网　　址：	http://www.tjrm.cn
经　　销：	全国新华书店
印　　刷：	河北万卷印刷有限公司
开　　本：	710毫米×1000毫米　1/16
版　　次：	2024年3月第1版
印　　次：	2024年3月第1次印刷
印　　张：	14
印　　数：	1—1000
字　　数：	200千字
定　　价：	78.00元

版权所有　侵权必究

前 言

荆楚江城未思量,
炎帝神农百草尝。
屈原辞赋映千古,
三峡奇曲走长江。
造物岂在典籍丛,
天人合一自有状。
云霞雕色凤凰舞,
制器尚象意在藏。

北宋晚期著名的文字学家、书法家黄伯思在《东观余论》中有言:"书楚语、作楚声、纪楚地、名楚物。"荆楚文化是中华传统文化中不可或缺的重要组成部分,有着悠久的历史,博采众家所长,具有鲜明的地域特色和深厚的文化底蕴,具有不可估量的文化开发价值。而中国传统的造物过程可以看作是人类智慧的具体呈现,古人在造物之时,将已经积累起来的自然知识、社会习俗、人文传统、科技知识等内涵无形地融入所造之物中。从本质上看,"传统造物智慧"可以理解为"中国智慧""中国方案"或是"中国设计"。将传统造物智慧与荆楚文创产品设计开发相融合,可从文创产品这一具象视角来感受中国传统的智慧与文化在解决现代问题时的思路,同时也可为"中国制造""中国设计"提供中国的解决方案与智慧。荆楚文创产品具有荆楚当地文化特色,富有神秘浪漫性、开放精神、多元文化性,自强进取精神等。

第一章，绪论部分，分析符号、文化、文创的关系，对传统造物智慧和荆楚文化进行整体概述，概述了国内外文创产品发展的情况，这一部分为全书的开端，为全书所研究的传统造物智慧融入荆楚文创产品设计开发的内容作一简单介绍与分析。

第二章，详细阐述传统造物中"智慧"的应用，其中包括在材质选择上的物尽其用、产品形态上的功能至上、使用方式上的天人合一、审美情趣上的整而有致、文化传承上的寓意深远五个方面。

第三章，具体分析了荆楚文创产品设计开发背景和情况，涉及荆楚文创产品设计发展的情况、文创产品中荆楚文化元素的提取以及荆楚文创产品设计开发的机遇，为下文荆楚文创产品设计分析作背景铺垫。

第四章，具体分析荆楚文创产品设计的详细内容，包括荆楚文创产品的市场需求、设计分类、设计特征、设计要素四个方面，从进行荆楚文创产品设计的必要性对荆楚文创产品设计的相关流程和内容进行详细阐述。

第五章，阐释传统造物智慧与荆楚文创产品设计结合的途径，分别从功能原理的结合、造物形态的结合、材料工艺的结合以及传统造物智慧与荆楚文创产品设计各要素的结合四个方面进行深入分析，为实践部分的内容作路径铺垫。

第六章，详细阐述传统造物智慧融入荆楚文创产品设计开发的实践流程，为全书的主体部分，其中涉及传统造物智慧融入荆楚文创产品设计开发的定位、价值、方法、评价四部分内容。

第七章，对传统造物智慧融入荆楚文创产品设计开发的发展进行展望，从传统与科技的碰撞、实用与审美的碰撞、造物与文化的碰撞三个不同角度进行深入探讨，为传统造物智慧融入荆楚文创产品设计开发提供新的思路与可能性。

本书力求内容详实、结构严谨、层层递进、语言深入浅出，系统地介绍了传统造物智慧融入荆楚文创产品设计开发的探索和研究，希望能对文创产品设计开发的研究者及相关从业人员有学习及参考价值。

目 录

第一章 绪 论 / 1

 第一节 符号、文化、文创的关系分析 / 1

 第二节 传统造物智慧概述 / 17

 第三节 荆楚文化概述 / 23

 第四节 国内外文创产品发展概览 / 36

第二章 传统造物中"智慧"的应用 / 43

 第一节 物尽其用——材质选择的"智慧" / 43

 第二节 功能至上——产品形态的"智慧" / 49

 第三节 天人合一——使用方式的"智慧" / 50

 第四节 整而有致——审美情趣的"智慧" / 53

 第五节 寓意深远——文化传承的"智慧" / 56

第三章 荆楚文创产品设计开发概览 / 58

 第一节 荆楚文创产品设计发展概况 / 58

 第二节 文创产品中荆楚文化元素的提取 / 59

 第三节 荆楚文创产品设计开发的机遇 / 65

第四章 荆楚文创产品设计分析 / 68

 第一节 荆楚文创产品市场需求 / 68

第二节　荆楚文创产品设计分类　/　79

第三节　荆楚文创产品设计特征　/　84

第四节　荆楚文创产品设计要素　/　92

第五章　传统造物智慧与荆楚文创产品设计结合的途径　/　102

第一节　功能原理的结合　/　103

第二节　造物形态的结合　/　104

第三节　材料工艺的结合　/　106

第四节　传统造物智慧与荆楚文创产品设计各要素的结合　/　109

第六章　传统造物智慧融入荆楚文创产品设计开发实践　/　113

第一节　传统造物智慧融入荆楚文创产品设计开发的定位　/　113

第二节　传统造物智慧融入荆楚文创产品设计开发的价值　/　150

第三节　传统造物智慧融入荆楚文创产品设计开发的方法　/　175

第四节　传统造物智慧融入荆楚文创产品设计开发的评价　/　182

第七章　传统造物智慧融入荆楚文创产品设计开发的发展展望　/　187

第一节　传统与科技的碰撞　/　188

第二节　实用与审美的碰撞　/　194

第三节　造物与文化的碰撞　/　196

参考文献　/　215

第一章 绪 论

中国自古以来有着悠久的历史与灿烂的文化,从古代的造物到如今的文创产品设计,其中经历了漫长的历史发展,但从事物发展的本质上看,符号、文化、文创有着一脉相承的关系。从符号到文化,再到文创;从传统造物智慧到荆楚文化的发展,是人类信息的传递,同时也是文化基因的传递。

第一节 符号、文化、文创的关系分析

符号、文化、文创之间相互关系的分析,可以从四个方面来进行详细阐述:符号与文化之间的关系;文化与文创之间的关系;符号与文创之间的关系;符号、文化、文创三者的关联性。

一、符号与文化之间的关系

(一)符号与文化溯源

符号,在中文的解释中,首先代表着一种象征物,用来指称或是代表其他事物,符号也是一种载体,其可以承载沟通交流的双方所发出的

信息。符号一般指语言、文字、电码、交通标志，以及化学符号、数学符号、物理符号等。法国著名语言学家和思想家索绪尔在《普通语言学教程》中提出，符号学是"研究社会生活中符号生命的科学"。美国哲学家、现代"符号学"的创始人之一的查尔斯·莫里斯曾指出，人类文明是建构在符号以及符号系统之上的，并且人类心灵与符号有着密不可分的联系。德国哲学家、文化哲学创始人卡西尔认为，人是符号化的动物，而文化是符号化的形式，人类生活在本质上是一种符号化的活动，或是"象征"性的活动，在这个过程中，人建立起的人的主体性，本质上可以理解为具有符号化功能，并由此而构成一个文化的世界。

文化，从某种程度上说，是由符号塑造，卡西尔认为人类文化的形成在于人类的符号化活动，而人类的符号活动又反过来影响了人类文化的形成，符号成了连接人类与文化的"桥梁"，它既是人类活动的反映，同时也是文化内涵的一种呈现。

文化由三个主要元素所构成：

1. 符号：符号中所包含的价值观与意义，这可以作为对与错的标准。

文化首先呈现在人们眼前的就是符号化以及可视化的实际存在，其代表了一种价值观与意义，这是一种可以从主观与客观两个层面来同时进行解读的客观内容。主观层面代表着人们对文化的解读与理解，每个人通过自己的经验与认知，他们所理解的内容融入了更多自己的观点与认识，带有或多或少的主观意识。而客观层面的文化，是文化自身所涵盖的历史、人文、社会发展、经济、政治、地理地貌、世界运行规律等。与主观层面相比，具有相对的客观属性，不以个人或小群体的意志为转移而存在。

2. 规范准则：在一个特定的社会中是人们行动、思维、感觉的深入解读。

所说的文化是一种规范与准则，指文化可以指导人们日常生活中的所行、所思、所感。因所有这些规范与准则先由人们生产生活中所产生的行动、思维、感觉，经过漫长时间的积累与沉淀，形成了人类文化的主体。文化之中融入了更多人们已达成共识的世界观、人生观、价值观等诸多道德、规范，或是准则一类的内容，同时这也是文化的主要内容。反过来看，这些所形成的规范以及准则一类的文化内容，又可以作用于人们日常生产生活之中，进而约束具体的个人或是小范围的群体，当然也可以影响整个民族的发展与演变。从某个角度来说，文化是人为创造而形成的一种非物质的存在，经过长期的演变与更新迭代，逐渐形成人们所认可的、不以个人意志为转移的内涵。文化是一个民族集体性创造的成果，而所形成的规范或是准则，是集体智慧的结晶，而这种规范与准则由人们自发性所形成。想要预测未来这一规范与准则的发展方向如何，则难以进行准确的判断。

3. 物质文化：其反映了实际存在的与艺术审美的人造之物，可以反映非物质的文化与意义。

物质文化是文化的一种呈现形式，文化需要通过一定的方式来进行呈现，以达到传播的目的，文化的呈现过程以及人们接触与理解的过程中，文化可以不断地接受各种环境因素的影响。物质文化呈现的方式通常与艺术审美相结合，文化本身的内涵与意义通常为抽象形式，而艺术对抽象事物的呈现，可以将艺术的审美性与文化的多元性以及文化的多角度理解结合在一起。

符号作为一种传播媒介，传播着文化的内涵与信息。美国社会学家伦德伯格指出，传播可以理解为通过符号的中介作用而传达概念与意义。因此，可以将符号看作传播过程中的基本要素，符号作为中介在传播过程中可以传达某种具体指代意义的信息。符号作为载体，由能指、所指、意指三个方面所构成，传播因此也是能指、所指以及意指相互作用的过程，其是通过声音、文字、图片、视频等形式来集中呈现所传达的信息，以最终形成传播力的一个过程。因此，符号学被纳入传播学的专业范畴，而获得了更加明确的意义,对于符号的界定也有了更加明确的内容与意义:符号在传播过程中是连接传播者、媒介、信息、受传者等一系列要素,并且与各个要素相并列的一个重要因素。符号只有在承载与传播信息,并且物化在具体的实际物体或是媒介上才可以被人们所感知。符号是意义、信息、概念的代码,它与传播过程有着紧密的关联性,在传播方式与符号类别的互动与联系上,符号发挥着重要的作用与价值。

(二)符号在文化传播中的作用

1. 符号是文化的开创者

从积极的意义上来说,符号对于人类的价值体现在,其对于人类悠久灿烂的文明发展演化发挥着不可替代的作用。在人类社会的发展中,文化的多样性、丰富性、创造性、历史性、现实性所表现出的影响力让我们惊叹。符号对人类的重要影响主要体现在符号开创了人类文明,也创造了人类的文化,如图1-1所示。

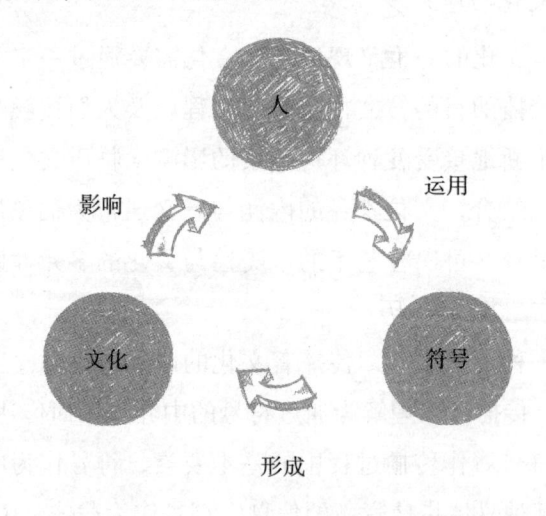

图1-1 人、符号、文化关系示意图

从图1-1中,可以看出人通过符号的运用,逐渐形成人类的文化和文明,而文化反过来每时每刻都在影响着人类的生产、生活、工作、学习等各项活动。

符号系统的原理体现在符号本身所具有的广泛的适用性、有效性，以及普遍性，它也成为打开人类文化世界的通行密钥。由于符号本身的物质决定了其对人类文化的制约以及影响，在符号形成与发展的过程中，以及符号的推动下，人类文化才得以产生，并且可以得到进一步的发展。符号实际所发挥的作用是将人类与文化进行联结，因此符号所具有的价值是对各种诸如历史、艺术、语言、科学、神话等符号形式进行深入的研究，这些符号的形式是符号的具体呈现方式，它们共同构成符号的整体性和系统性，同时这也是人类知识与经验交织而成的复杂形式。因此，可以借用化学反应方程式的结构来直观地解释符号所起到的联结作用。

2. 符号可以重建文化

从符号学的相关论述中，可以获得这样一种认知，符号体系所建立起的思维模式，克服了人类天生的惰性，激发着人们不断探索世界以及发现世界的好奇心。除此之外，符号存在的价值还在于，其创造了文化现实的同时，也创造了文化理想。人们不只是关注眼前真实存在的现实世界，符号更是开阔了人类的视野，将人类的眼光延伸至遥远的未来，让文化更具有未来意识，更具理想性，并且文化的现实意义与理想意义并非相互脱节，而是彼此之间存在着一定程度的联结，这种联结也指导着人类在着眼当下的基础上，对未来拥有更多的幻想与探索欲望。卡西尔十分推崇符号之中诸如历史、艺术、语言、科学、神话等对文化产生的价值，特别是符号对于人类未来理想的构建与设计，能够发挥巨大的力量。

从符号的另一方面影响中，可以看到，符号为人类文明提供大量灵感与精神层面的激发，但与此同时，也为人类埋下诸多隐患，而其中最为主要的一点就是对人本性的异化。符号对于人类社会文化的重构还体现在，人的符号化行为体现得极为明显，与此同时，人自身的本能在逐渐符号化的过程中慢慢被削弱。社会的发展逐渐向前推进，人们的生活节奏变得越来越快捷，人们没有充足的时间去了解一个新事物，因此最为简便的方法就是将一个事物标签化或符号化，这样可以更快速地认识陌生事物，并将其进行归类，以最大限度地减少对这一陌生事物的认知、理解、信任的过程。但对事物进行标签化或是符号化给人们带来便利的同时，还会给人带来因对事物片面化的理解与判断而可能产生的误解与偏见。因进行标签化或是符号化只是理解了事物的其中一个方面，而符号所呈现信息的局限性，限制了人们对于事物更深层次的理解与认知。人们若长时间对新生事物习惯性地进行标签化或是符号化的理解，就会逐渐丧失通过自身原有的认知来理解一个事物的能力。一种能力，也包括本能，如果不经常使用，则会慢慢丧失所具有的这种能力。符号所能够产生的这一现象，也就完成了符号对人类文明以及文化产生的重构影响。

3. 符号是文化的传播者

符号的媒介环境与受众的认知环境决定着符号信息被受众接受的程度，传播者与被传播者在编码文本上较大的差异会直接导致文本传播效果的偏差与低效。因此，传播者与受众应当拥有着同一套符号表达方式以及符号意义。例如，两个人进行沟通，一个人说普通话，而另一个人说粤语，两个人使用着不同语言进行沟通，势必导致沟通交流的效率降低，这就需要沟通的双方要使用同一种语言进行沟通。

符号在形成的初期，只是用作个人的情感表达，是一种展示自我的一个工具，而随着时间的推移，这种个人化的行为逐渐成为人们的习惯性表达方式，用于人与人之间的沟通与交流，符号在人们日常的使用和沟通的过程中，也就逐渐形成了更具实用性与简洁性的符号系统，这时符号所传达的内容也从注重自我表达转向概念上的呈现。人们越来越符号化地工作和生活，决定了人们成为符号化的人的属性，而人类社会的发展和不断演变，从一个角度上来看，就是人们不断生产和消费符号的过程。人类社会的发展进入一个快车道，各种新生事物纷至沓来。因此，人们需要有各种新的符号来适应新的时代发展。不断创造和生成的符号，大多基于实用目的，其具有较强的传播性。因此，人们热衷的高效理解与沟通，也就很容易对新产生的符号或标签进行使用和消费，这无形之中也就实现了符号的传播功能，其中所包含的文化的属性也会随着传播的进行，推而广之。

（三）民族文化的符号化

在中国的社会发展、艺术形式以及中国文化的发展与演变过程中，符号在其中发挥着重要的作用。对于如今中国文化进行深入的研究和探索后，可以发现其中包含明显且强烈的符号化的成分。就中国自身文化来说，其文化符号的研究与传承，应当建立在对过去符号发展史和传播史的系统而全面的研究上，同时，还要兼顾当下中国文化符号化的新的传播方式，从而构建起完整而有效的文化传承的符号体系与框架。

1. 利用符号系统构建民族文化的内涵

符号在文化的碰撞与冲突之中会发生各种形式的变化，而只有灌输了社会价值内涵的符号才可能被社会所认可与接纳，才具有交流与实用的价值。因此，在对符号进行研究时，不应只注重符号表面所呈现的意义，而更应关注其隐含在深处的价值。由表及里，探究符号背后所涵盖的价值，再由符号深层次的内涵来进一步关联符号表层的价值与所指。我们想理解一个符号所暗含的意义，首先要彻底打开思路，通过各种方式与渠道来理解与认知符号所涵盖的完整内容。但符号并非通过一种方式或渠道就可以穷尽其所包含的丰富内容，我们不但要理解其内涵与外在呈现，同时也要重视符号之外的外延内容，站在一个更广的视角来审视符号的整个体系，以期更加多元化且更全面地理解符号所传达的信息。

利用符号来系统而全面地构建民族文化的内涵，首先要将民族文化进行合理地表达，这时需要通过符号传递民族文化信息。符号只有准确且全面地表达，才能够为后续文化之间的对话与交流创造一个扎实稳定的基础。文化符号的产生与构建通常可以分为两个步骤，第一步是将这些符号外化为一个可以感知的内容或信息；第二步是通过一种渐进的方式对其进行具体呈现。符号作为文化的载体，需要人们感知后才能发挥其自身的价值。文化建设与物质建设不尽相同，其更多地依赖于人们对文化的喜爱程度，以及参与文化建设工作的热情。文化符号的构建并不等同于文化的建设，前者只是后者的一部分，是文化建设的起始点。文化建设是一项系统且全面的工程体系，是发展教育、文学艺术、科学、新闻出版、图书馆、博物馆、体育卫生、广播电视等一系列文化事业的活动。文化建设包含着广泛的文化事业范畴，涉及各个文化领域。文化离不开符号所发挥的重要作用，因此，文化符号的产生与创建，暗含在各项文化事业之中，贯穿整个文化事业的发展。

2. 民族文化的符号化传播

从符号学的角度来看，世界上一切有意义的物质形式都可以看作符号。符号在视觉传达以及语义传递方面，可以让人与其周围的世界互联与交流，每一个符号与其他符号形成的差异化过程中确定了自身所具有的意义与内涵。从广义来说，物质的或是非物质的事物都可以看作是其符号化的呈现，物质的事物，因其具体的形象而本身就具有符号的属性，而非物质的事物，可以通过概念或是可见的事物进行表达，也可以表现符号化的属性。因此，更为广泛的理解，可以认为人与这个世界的交流沟通方式，或是事物与事物之间的联系都是通过符号这一媒介进行联系。一个民族的文化作为非物质的存在，可以将其进行符号化呈现，以便于广泛而真实地传播。

中国拥有着悠久而灿烂的文化与历史，在民族之间或是国家之间进行传播时，可以通过符号化传播的方式来达到文化传播的目的。而最为典型而惊艳的例子莫过于2022年北京冬奥会开幕式上底蕴悠长、绵延久远的中国传统文化元素融入的盛大视觉表演。开幕式当天——2022年2月4日，正值中国传统"立春"节气，借助这一千载难逢的历史机遇，开幕式总导演张艺谋想到了利用中国传统的二十四节气作为倒计时的提示元素，倒计时的最后一刻停留在"立春"节气。"立春"又是二十四节气中的第一个节气，万物始发生，北京冬奥会在春天开始，预示着万事都充满朝气，一片欣欣向荣。同时，在倒计时画面上还配有中国古诗词，以及冬去春来、四季更迭的动人画面。层层寓意渲染之下的画面意蕴悠长，张艺谋向全世界展示了一个诗意的中国图景。

总而言之，人们因符号而接触文化，文化反过来又作用于符号，赋予其丰富而完整的内涵。没有符号作为媒介，文化则不能进行传递、沟通、交流、储存和发展。因此，可以说，如果没有符号的形式，文化就无法存在，其功能与价值就无法实现。从某种程度上说，但凡符号所包含的内容及信息，也是文化所含有内容。这也可以进一步推导出，相关研究学者对符号进行研究，可以打开文化研究的一个崭新的角度。

二、文化与文创之间的关系

所谓文创是文化创意的简称，是以文化为基本元素，融入多元的文化内涵，利用多学科的知识，利用不同的载体重新构造或是创新的文化现象。文化创意是在文化领域的创新与新发现，或指所产生的文化创新的成果或产品。文化创意的核心是"创新力"或"创造力"，创意是产生新事物的能力，这种能力来源于原创的、独特的、有意义的内容。

任何一种文化创意的活动都是在一定的文化背景之下产生并不断发展的，而并不是对原有产品的简单复制，是要通过人的灵感、想象力和创造力，再借由科技的支撑，来实现对传统文化的再呈现、再利用。

当今社会，人们越来越注重文化的价值，并已经着于借助文化的力量融入更多的产业门类。设计是一种对美的呈现，而创意可以传达文化认同，将一种崭新的文化理解与定义融入产品中，呈现在大众面前。文化创意的本质就是将无形的文化通过"创造力"和"想象力"，生成具有独特文化内涵以及样态的产品或内容。其间需要通过设计和构思等一系列方式，对文化进行深度解读，或是从一个新的视角重新展示文化的内涵。当然创意并不是漫无目的的自由发挥，其中存在着一定的大众的普遍认同与审美视角，需要在一定程度上满足大众欣赏事物的审美习惯。提到文化创意，不得不涉及文化创意产业，产业可以完整地实现文化创意的构思，文化需要投入财力、人力、物力来实现其自身价值，与此同时，产业也可以凭借文化所赋予的内涵来实现产品升级，提升产品的附加值。

不管是设计还是创意，都与文化有着密不可分的关联性，都是以文化为创意的基础。因此，设计师应当及时掌握文化的发展方向与时代变化，并把其作为设计的标准，呈现出更为优质的产品设计。而对于文化来说，产业有助于推动文化的不断发展与交流。文化因进行产业化而具有更为强大的传播力与发展动力。

站在产品设计以及文创开发的角度来审视，在经济全球化的大背景下，产品更加趋向于国际化的风格，缺乏地域的文化属性与特色，而这也直接导致产品同质化问题明显。其中一个原因可能是在互联网时代的发展中，人们获取信息的渠道和方式发生了根本性的改变，已不再是过去通过传统的广播、报纸或是电视的渠道来获得外界的资讯，更多的可以直接从互联网渠道即时得到想要搜索的信息。因此，人们可以随时接触到新生事物，大量信息充斥着感官，让人们的新鲜度在逐渐降低，产品设计师在进行进一步的创新时，比以往更加困难。同样具有设计难度的产品，放在之前可能具有一定的创新力，而放在今日，则可能给人以司空见惯的感觉，显示不出其新颖程度。

除此之外，信息化时代中，人们的阅读方式更加碎片化，因而对于文化的理解与认知层次也会更加碎片化，不能有效地形成系统性以及全面性的知识体系。站在设计师的角度来说，设计者可能存在对于文化的理解与认识程度不够，存在文化理解的片面性与表面性的情况，最终导致产品同质化问题的出现。与此同时，虽然人们逐渐开始重视文化创意产品，也越来越关注文创领域，但文创产业整体市场规模依然有限，需要各方不断努力来进一步提升文创产业的认知度与关注度。

当今文创产业将关注度更多地投入地域文化领域，融入丰富的地方文化特色元素，或是将中国传统文化元素融入其中，增加产品的厚重感与品位，使文创产品不管从设计还是文化底蕴，都可以呈现出其独特的产品魅力。但与此同时，应当注意到的是，现今的文创产品对于地域文化的开发利用程度仍然不够，更多地还是停留在表面符号化的简单运用上，设计师没有在深层次上对地域文化进行深度的挖掘与分析。

中国的文化创意产业必须立足于我们国家自身的传统文化中，从悠久灿烂的文明之中汲取创意灵感，利用后现代主义的手法，提取中国传统文化的典型特征和元素，而后对所选取的元素进行分析与筛选，在明确的设计理念的指引下，有目的地将各个元素进行综合。中国传统文化元素应当融入文创产品设计的每一个环节。

三、符号与文创之间的关系

在符号学的范畴中，一切事物，不管是物质的还是非物质的，可见的还是不可见的，都可以用符号进行呈现、表达与概括。法国学者皮埃尔·吉罗，在其《符号学概论》一书中提出，符号学与传播学几乎可以视为同一事物或是同一对象。[①] 符号是传播之中的符号，是人与符号背后所指代事物的关联环节，因此，符号在其中发挥着重要的联结作用。之所以会存在文创产品，因其带有明显的文化印记。想要在产品之中体现文化元素，就需要设计师通过符号学的方法，对文化元素进行提炼与筛选，最后将其融入产品的设计中。

---

① 胡易容.传播研究的符号学范式、流派及观念[J].内蒙古社会科学，2020，41（6）：181—188，213.

现今的文创产品设计往往停留在图像层次上,这一类文创产品通常只是将文化的诸如颜色、图案等表征进行提取与使用。但在文创产品的设计之中,设计师需要对文化中更深层次的内涵进行挖掘和探索,这里的内涵包括隐藏在背后的、无形的、意象的内容。意象是通过外物对感官的刺激而产生作用,是人们心理所反映出的印象或是图像,是外在影像或是图景,通过人们的感知,经过心理层面的感受,最终综合而成的情理意象。[①]这类似于物理学上的小孔成像原理,外界的一个烛光,穿过小孔,最后呈现在一个平面上。可以看到平面上烛光的样态与外界烛光的实体样貌,平面上图像与实际烛光有着一样的跳动感。但平面上所呈现的景象毕竟有别于真实的原型。意象的产生与人们的感知能力、心理反应、个人经验与知识的积累程度等因素有着密切的关系。

外物在人们心理上所反映出的意象与这些因素的综合效果联系极深。人们对于外物的反映其实质是人们对于外物再创造与再整合的过程,再进一步探讨可以发现,外物每经过一层介质,或是每经过一个载体,所呈现的样态就会发生或多或少的调整与异变,这一关联性可以具体体现在符号与文创的关系上,符号是文化的凝结与精炼,而文创最终需要通过视觉的、物质的形式进行呈现,符号连接了文化与文创。

早期的文创产品更多地注重图像的利用,或是简单地进行文化元素的复制与再现,文创产品只侧重于文化的表观特征,而如今的文创产业则更多地将深层次的文化标记、象征、意象等融入其中,形成具有深度文化内涵的产品效果。文创产品也摆脱了只具有表面观赏性的感官体验,更加贴近现实生活,除了在审美文化价值上有更多的层次,同时也增加了实用价值,文化元素的融入也增加了产品的趣味性。

符号学在文创产品中的价值可以体现在以下三个方面,如图1-2所示。

[①] 应艳,陈炬.天一阁之符号意象与文创产品设计研究[J].包装工程,2018,39(6):127—132.

图 1-2 文创产品中符号学的价值示意图

（一）象征文化

每一件事物，或是每一种文化都有其所对应的符号表达与符号特征，在文创产品之中融入更多符号的象征意义，不只有利于文创产品品位的提升，大众也更乐于欣赏这类有着丰富意蕴的文创产品品类。此外，社会对这类具有象征意义的文创产品的宣传与高度认可，也是对于其中所蕴含的文化的高度认可，与此同时，这也是对这类文创产品所呈现的符号的审美效果的一种高度认可。

符号在文创产品中的呈现方式大体可以分为两种。

1. 具象化呈现

符号可以通过具象化或是写实化的手法在文创产品之中进行呈现，这给人以直观的感受与体验，其中也包含着一定程度的象征化意味。具象化的表现形式是基于忠实客观物象的自然形态，通过提炼和概括突出与夸张其本质特征，作为标志图形，这种形式具有易识别的特点。因符号在文创产品设计完成之时，即产生了视觉效果，而大众在解读其中所蕴含的信息时，不管其表达出的信息直接或是间接，在大众心理都会产生一个再创造的过程，而后所形成的意象也就体现了符号的象征意味。

符号在文创产品上所体现出的效果以及大众因此而产生的心理影响会直接以意象的方式呈现出来。

2. 抽象化呈现

符号在文创产品中的抽象化呈现最容易产生文化意象，也即符号的象征性。此时，符号在呈现的过程中所运用的手法与具象化相反，符号对于文化的表达与解析需要通过间接的方式，抽象化一般不以图形形式呈现，而是以文化内涵为依据，提取其中的美学法则，以点、线条、体块的方式组织在一起，同时满足产品的功能性。因此，也可以说，符号通过抽象化的、象征性的手法，可以充分传达出文化所蕴含的内容与信息，而象征性的手法也可以包含更多的文化信息。但设计师在运用抽象化手法时，应当注意抽象化手法的使用程度。从中国古代的陶器纹样到非洲木雕的艺术表现，从古埃及文化的壁画雕刻到20世纪艺术大师的作品，抽象符号在这些艺术作品中都或多或少有所表现。中国新石器时代的陶纹通过极富形式感的抽象线圈、线组，让人们在意识中更强调表意。就非洲木雕艺术中面具形式而言，一种侧重于写实；而另一种则通过夸张、概括、程式化进行呈现，程式化的面具在形式上讲求块面质感，尤其在五官和面部有明显的分界线，以表现神秘生命的感染力。现代艺术作品是将艺术中某一个因素加以放大与深化，从本质上改变了传统图像的视觉效果与表达方式，使艺术从真实再现走向了非真实再现与内心情感的表达，从概念上扩展了艺术创作的多种可能性，使艺术通过多种方式接近事物的本质，接近大众的生活。

（二）实现文化的传播

文创产品是文化的载体，符号同样承载着文化内涵，一件文创产品被设计出来，也就成为文化的一个符号化实物，或是理解为符号的另一种形式的再现。当文创产品出现大众视野中，或是在市场上流通销售之时，其产品中所蕴含的文化也会随之进行传播与推广，这也会进一步促进文化更广范围的融合与交流。符号与文创产品同样作为文化传播的载体,二者以不同的方式传递着文化的信息。符号所呈现的趣味性、多样性、丰富性,可以更好地展现文化的丰富内涵。文创产品呈现在大众面前的形式是以单一或是组合形式的符号,大众通过符号来感知其中的信息,起到了传播文化的作用。

(三) 消除距离感

传统文化之中往往带有厚重的历史感,大众在欣赏和感知传统文化时,会不由自主地产生一种崇敬之情,因此而产生强烈的距离感,让望而起敬。而当文化融入义创产品的设计之中,产品中又包含着浓厚的生活气息、强烈的趣味性以及实用性时,文创产品就已经消除了传统文化本身所带有的距离感。通过符号化的设计,文化在文创产品中得到进一步的凝练与提纯,更贴近生活与现实。单纯的文化属于较为宽泛、抽象以及非视觉化的内容,而人们想要理解文化所传达的内涵与意义,可能需要花费更多的时间与精力,才能理解其表达的准确信息。文创产品正是将这种抽象的内容以物质化和视觉化的形式展示在大众面前,当然,这其中经过了设计师的再解读,将宽泛的文化具体到一个点或是一个面上,视觉的、形象化的内容本身就具有易读性与易传播性。

四、符号、文化、文创三者的关联性

由上述三点可以较为详细地理解符号、文化、文创三者中两两之间的关系。归根结底,符号是文化的载体,文化是符号的内涵与意义,文创以文化为基本元素,文创是文化的一种呈现形式,符号在文创中可以实现文化的表达,文创可以将符号具象化以及具体化,如图1-3所示。

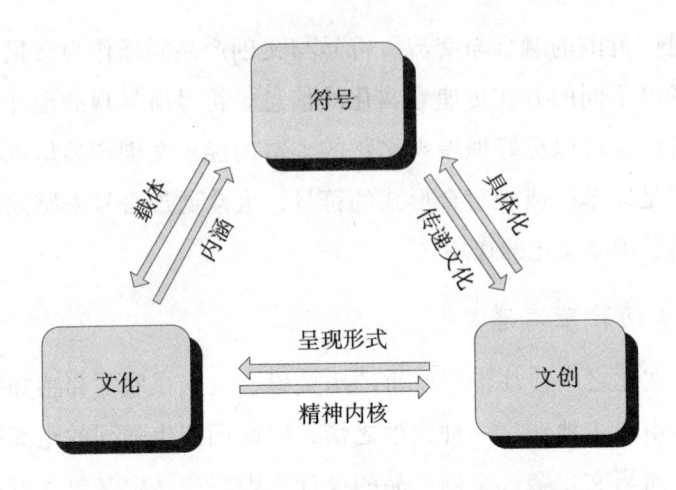

图1-3 符号、文化、文创三者关系示意图

由图1-3所示,符号、文化、文创三者有着密不可分的关系,彼此之间既有融合,又存在着交叉的关系。前文从它们彼此之间的两两关系入手,进行了详细的分析,而在实际中,三者的密切关系使这三者成为一个不可分割的整体,我们在对其进行分析时,应当站在整体的角度上来研究和判断。简单来说,文化通过符号的形式呈现在文创之上,反而观之,文创通过符号的形式来呈现文化所蕴含的深层次内容。这三个概念之间的关联性,信息是彼此之间的信使。从符号学角度来看,文创同符号类似,也是符号化的一种体现,是更为具象化的文化符号。

从更为广泛的视角来看,文化是人类文明的一种符号化,是一种抽象化的符号,它凝结了人类文明的历史发端与时代变迁,是人类群体甚至是个体智慧的集中呈现,是漫长人类文明史的结晶与精华。

从文化的角度来看,符号和文创都具有文化的元素,同时也都是文化的一种具体体现形式,文化类似于人的骨架,而符号和文创则相当于人的血与肉,没有文化作为支撑,符号与文创就如同没有灵魂的躯体一般,失去生命与活力。

从创意的角度来思考,不管是文创,还是文化与符号,都离不开创意在其中发挥的作用。首先文创自然脱离不开创意，文创的开发与应用，需要融入设计师大量的灵感、创意、创造性，文创若失去创意元素，就会变成单纯的文化复制与简单的"拿来主义"，文创是文化创意，同时也可以理解为文化创新，就是在深厚的文化基础上，"生长"出以文化为母体，而又有别于"母体"文化的文创内容或产品。文创有其自身独特的属性与理念，既与文化有着强烈的关联性，同时也可以独立于文化而存在。

符号之中包含着诸多文化的信息，也只有承载着文化的内涵，符号才可体现其价值。而符号的形成之初，便带有创意设计，人类早期的象形文字就是将彼此沟通的信息转化为图形形式，中国的甲骨文刻印在龟甲兽骨之上；在古埃及岩画上；现存的苏美尔人的楔形文字刻画在泥板上；现已发现的玛雅文字刻在石碑上。这些最为古老的象形文字起初都是以图画的形式存在，后逐渐演化成不同民族的语言文字体系，其中凝结着人类的文化创造以及智慧的再现。如果符号脱离了文化及其所涵盖的内涵，就只能空有其表，并无实质。

就单论文化的发展，也暗含诸多演变以及不断地更新迭代。文化的内涵并非一成不变，而是随着社会的发展、时代的演替，而不断进行自我的新陈代谢，以适应人类沟通交流和时代发展的需要。文化需要与人类社会的发展同步，是人类文明发展过程中极为重要的一部分，文化随着人类文明不断向前推进和演化。

第二节 传统造物智慧概述

"智慧"一词最早出现在《墨子·尚贤中》："若此之使治国家，则此使不智慧者治国家也，国家之乱，既可得而知已。"这里的智慧有聪明才智的意思。相关的研究学者对传统造物智慧进行了各个方面的研究与探索，从中提取了最具代表性以及具有高度概括性的几个方面，例如，物尽其用、功能至上、天人合一、整而有致等。传统造物的过程可以看作是人类智慧的具体呈现，先人在造物的时候，将已经积累起来的自然知识、社会习俗、人文传统、科技知识等内涵无形地融入所造之物中。从本质上来看，"传统造物智慧"可以理解为"中国智慧""中国方案"或是"中国设计"。传统造物智慧的提取如图1-4所示。

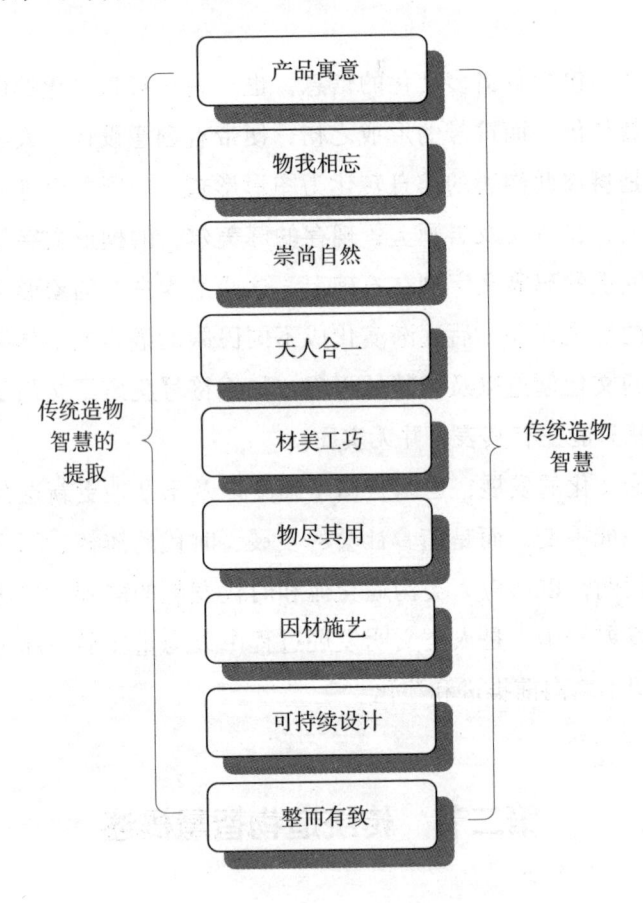

传统造物智慧的提取 { 产品寓意 / 物我相忘 / 崇尚自然 / 天人合一 / 材美工巧 / 物尽其用 / 因材施艺 / 可持续设计 / 整而有致 } 传统造物智慧

图1-4 传统造物智慧的提取示意图

传统造物环境如图 1-5 所示。

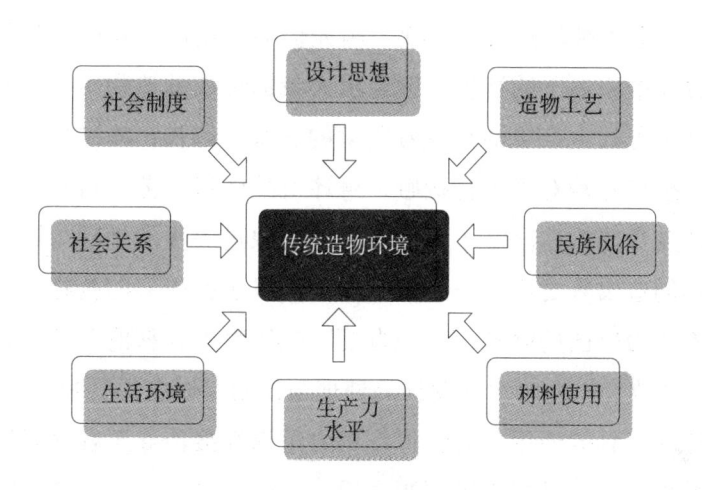

图 1-5 传统造物环境示意图

一、传统造物智慧的表层含义

传统造物的表层含义，是建立在人们现实的生存、生活以及劳动的基础之上的内涵，是人类历史发展过程中必然会出现的事物，并且也是人类生存和发展进程中不可缺少的组成部分。

人与其他动物的根本区别在于人类可以创造并使用劳动工具。远古时代，人类祖先所生活的环境残酷而恶劣，自然环境和周围的生态环境时刻都威胁着古人类的生命与健康。因此，在人们生存与生活之中，劳动工具的使用变得尤为重要，工具在劳动过程中发挥着不可替代的作用，同时劳动工具也可以主导生产资料的使用。如果想要有效地提高生产力，获得丰富的生产资源与劳动成果，应当首先设计并创造与生产力相匹配的劳动工具。因此，从某一个角度来说，劳动工具推动着生产力的发展，并且生产力的不断发展也反向刺激着劳动工具不断更新迭代，使其随时满足生产力发展的要求。因此，传统造物成为必然，随着社会生产力的不断发展,科技水平的不断进步,传统造物智慧融入了更为丰富的内涵。

中华五千年灿烂悠久的文化,祖先们通过生产实践中或是与大自然博弈的过程中积累下的智慧,创造出大量的传统的造物工具。原始的造物活动与祖先的生产生活存在着密切的联系。起初,先民在生产与劳动过程中直接与劳动对象进行接触,身体直接作用于劳动对象,而人力以及人类自身身体构造限制了人们对劳动对象进一步的处理与加工。但在劳动工具创造出来之后,一方面,先民可以选择更多的植物、动物或是其他对象作为自己的食材,另一方面,先民对于食材的开采方式也发生了根本性的改变,此时对于食材的处理与使用可以变得更为省时和省力。通过对劳动工具的使用,人们将作用力可以直接传导至食材或是劳动对象。人类的劳动工具在工具创制之后,更加趋向于贴近人类日常生产生活的食器以及农具,并且其种类随着时间以及生产结构逐渐成熟与稳定而日趋丰富。这些器具在制造与演变过程中,技艺流程不断更新,同时也更加趋于实用性质,起初的劳动工具被创造出来的主要目的就是满足人们的生产与生活的需要,实用是第一位的,其次遵从自然规律。人们在生产的实践过程中,不断发掘劳动工具的特性,有意或无意地会发现其中可加以改良的部分,对工具或器具进行升级改造。

可以说,传统造物智慧伴随着人类文明的发端而悄然到来,二者在同一个时空不断发展前进。劳动工具的使用在人们的生产劳动之中解放了人们的双手,不仅如此,人们可以在更加省时省力的环境中,从事更多的劳动,因而生产力得以有效提升,同时,又有更多的劳动成果伴随而生。这也营造出一个崭新的局面,人们花在劳动上的时间更短,所获得的食材也更为丰富,所产生的劳动成果也更加喜人,先民可以摄取更多的营养,人们的体质得到一定程度的加强,这也进一步影响到先民的身体进化。

传统工具是传统造物的重要组成部分,同时也是原始生产生活以及劳动中必不可少的一个环节。先民最先要解决的问题是生存,吃饱肚子与摄取到足够的营养先于其他任何事项。随着生产力的不断发展，技术水平的不断提升，生活环境的不断变化，以及时代的不断更新发展，传统工具也在不断地进行优化，同时新的工具也在不断的创造。中国传统的造物工具，不管是技艺从简单到繁杂，还是从容易到困难，其所具有的独特属性与功能，在全世界范围内，都有着无可比拟的显著特点，最为关键的是其对于人们生产和劳动的推动力极为明显。人们的生产生活也因此而越来越不能离开这些造物工具，它们伴随着人类社会的发展，人们的生活也因为劳动工具的使用以及不断改良而有了巨大的改观。

人们都说，每一件造物，其背后都蕴含着一个漫长而又动人的故事，每一件造物也都包含着人类巨大的知识宝库，存有人类与自然不屈不挠的拼搏与斗争，这些传统造物也都一直保留着人类文明的创始、发展、演变、更迭，以及技艺的产生、更新、进化，它们记录着造物匠人们的巧思奇想和独具匠心的智慧。

二、传统造物智慧的深层内涵

除去传统造物智慧的原始功能之外，其还可以呈现出具有独特视角、奇妙创意的布局结构，这是一种将概念化或理想化的奇思妙想置于合理的造物章法之中的造物智慧。通常人们直观上看到的只是造物表现出的功能性的一面，而当对其进一步深挖，则可以感知到所造之物内在的结构逻辑与内涵意味。传统造物有着丰富多样的品种类别，研究传统造物智慧的重点在于将其功能性与审美性进行统一结合，考虑其外在造型与内在结构之间浑然天成的逻辑构造，分析其主题与背景之间的历史与文化内涵，只有从源头上探寻其本质所在，深挖其蕴含的底层意义，才能从本质上理解传统造物中所蕴藏的历史价值与文化内涵。将传统造物与现代设计进行对比研究，才能掇菁撷华，将本质的技艺与造物智慧应用到未来的产品或是器具设计之中，从根本上做到文化与智慧的创新与传承，做到突出产品的特色，将传统造物智慧进行活化，让传统与现代、造物与产品开发的共生与和谐。

传统思想文化中的"师法自然""天人合一"以及"和谐共生"等理念一直贯穿于造物活动之中。无论何种造物观点，首先对器物的本质进行认知，再进行造物活动是一个必要的过程。就传统造物思想中关于器物本质的认知，老子在《道德经》中对其描述总结为"有之以为利，无之以为用"的论断。在这一思想中，器物分为"有"与"无"两个部分。其中对于工艺的制造方法没有做过多的阐述，但通过这两个方面把器物的本质进行了哲理性的解释。在现代设计看来，器物本身表现出了造物的"有"与"无"，阴与阳，实与虚，功能与形式的朴素造物观。虚者，为功能，实者，为形式，功能与形式二者往往以不平衡状态出现，但二者之间的强弱关系构成了人们对于器物的不同审美需求，从而极致的简约或繁复的奢华这些不同的审美态度均有其位置。

就传统造物思想中的实践操作层面来看，古人往往遵循一定的原则，这种原则既是制作器物的指导思想也是传统造物思想的文化内核。正如《考工记》中所论述："天有时、地有气、材有美、工有巧，合此四者，然后可以为良。"[①]这种理论性的指导思想正是古人在制作器物时考量的主客观因素。从客观因素上来讲，天时、地气、材美是我们无法决定的客观事物，但工巧则恰恰又给出了我们主观能动性的作用。在这里，工巧可以从两个角度进行解读。首先，是对于原材料的选择，一个优秀的工匠，首先要认识到材料的特点，并对相应时节以及对应地域所产的材料进行选择。其次，在造物过程中，着重强调了"设计"的作用。对于材料进行观察，看其适合于制作何种器物，遵循材料本身的曲直特点，进行整饬，才能够制作出良好的器具。对于文创设计而言，创作过程中，除了遵循以上所述原则，还应从其中认识到地域特色的重要作用。古人认为相应区域的材料有着其他区域不可替代的作用，一个区域材料制作

---

① 陈贤望.秩序整合设计[M].青岛：中国海洋大学出版社，2019：66.

的器物会比其他区域材料制作的同种器物更具优势,故有"地气"之说。在文创设计中也应该充分借用地域材料的特性,设计制作出其他区域所没有的特色产品。

传统造物智慧根植于中华优秀传统文化之中,同时也根植于中国优秀的传统美学体系,在传统造物的创新、发展与演变之中,不能只关注造物的设计因素,而忽略其所蕴含的内在传统生命意识、现实的生活观念以及物质与精神所共同追求的艺术美的理念。在构建中国传统造物智慧谱系的过程中,应当在开放的语境中充分汲取本土传统技艺之中"物性"与"心性"在美学角度的结合。在物件的创作上呈现出"云霞雕色""草木贲华""制器尚象"等中国传统美学中的造物之美,同时也要体现出"藏礼于器"和"文以载道"等中国传统美学中的精神之美,并形成一个具有自身文化特色的发展轨迹,这也是后物质时代工匠精神与工艺振兴与发展的可持续道路。

第三节　荆楚文化概述

荆楚文化因楚国和楚人而得名,其是从西周开始,一直到秦朝建立之前,在江汉流域兴起的一种地域文化。其所指代的是以今天湖北地区所辐射的古代荆楚的历史与文化。

荆楚文化作为华夏民族的重要组成部分,在中国漫长的文明发展史上占有重要的地位。荆楚文化中含有诸多商周时期的文化元素,这一文化元素有着显著的地域特色以及巨大的文化开发价值。中国浪漫主义文学的发端是《楚辞》,《楚辞》对于其后产生的汉赋有着直接且巨大的影响。北宋晚期著名的文字学家、书法家黄伯思在《东观余论》中有言:"书楚语、作楚声、纪楚地、名楚物。"意指《楚辞》的文字中叙写出楚地历史样貌、风土人情、人文地理等,展现出丰富多彩的地域文化色彩。

荆楚文化从静态的断代角度来审视，其主要指代以今日湖北地区为主体的古代荆楚的历史与人文；从动态的发展视角来分析，其中既包括古代荆楚的历史文化，同时也包括现代甚至未来湖北地区所形成的地域文化特色。因此，从狭义意义上来看，"荆楚文化"也可以理解为具有湖北地域特色的文化。

一、荆楚文化的兴起

楚，也称作荆楚，"楚"原本是一种灌木的名称，有时人们也称其"荆"，因此，在春秋时期，楚国由此而得名。在南方的江汉流域的山林之中"楚"是最为常见的一种植物，人们在日常生活中常将其用作薪柴等多种用途。从商代开始，北方的中原人就以荆楚称呼南方地区以及南方的部族，《诗经·商颂》中有"维女荆楚，居国南方"之句。其后发现的"清华简"中的《楚居》，给出了另一种荆楚来源的解释。在《楚居》中有一段对楚先君鬻熊的记载：鬻熊的妻子妣厉在生子熊丽的时候难产，经过剖腹顺利生下熊丽后，妣厉死去。在她死后，巫师用荆楚将其腹部包裹住，进行埋葬。人们为了纪念她，就将自己的国家命名为"楚"。根据楚国君主的世系来看，妣厉的丈夫以及其用生命换来的儿子先是楚人的领袖，而后成为楚国的开国先君，自此开创了楚国八百年之久的昌盛基业。

荆楚部族在与北方商王朝对峙的过程中，吸收了商文化中的先进元素，为本部族的发展提供了有利的条件。在西周初年，荆楚部族转投周天子，因此得到了周王朝的支持，自己的部族也得以聚集，建立起了自己的国家。从春秋时期开始，楚国迅速发展壮大，特别到了楚庄王统治时期，楚国吞并周边诸多小国家，发展成为南方的一个大国。

楚地是一个历史的地域概念，其中心是今天湖北全境和湖南北部，由中心向周边扩展到一定的范围。传说上古时期，北方的炎帝部落与黄帝部落在开创中原文明，而这时的南方江汉流域兴起了九黎部落。考古发现山地出现了诸如屈家岭文化和大溪文化的早期楚地文化。在此之后，炎帝部落与黄帝部落将九黎部落打败，中原部落后来征伐了在荆楚地域出现的三苗部落，上古时期的楚地文化逐渐没落。

楚地文化落后的一个原因是江汉流域山水林地密布，楚地各个部落不能从原始的采集与渔猎的捕食方式转变为畜牧和农耕的方式，缓慢发展的生产力限制了当地文化的发展与扩散。南方与北方相比较而言，当北方已经出现了夏、商等奴隶制国家，此时南方楚地仍处在原始的父系氏族社会阶段。由于生产力不发达，社会发展缓慢，散居的各个氏族部落频频遭到中原势力的征伐和压迫。在持续千年的蛮荒背景下，楚民族以及其后的楚国逐渐得到孕育和发展，同时也成了南方各个部族进行融合的中心。融合而成的楚文化，融合着南方土著文化与中原文化，并形成了自身特色的文化特征。

二、荆楚文化的主源

楚文化是周朝时期长江中游地区的人民所创造出的具有自身独特文化属性的文化，这一地区包括长江、汉江、淮河流域。荆楚民族其中一个分支的首领熊绎受到周成王的分封，为荆山丹阳的楚子，标志着楚国历史的开端。在诸侯各国之中，楚国的地位等级较低，只管辖着较小的一片地区。到西周末期，楚国国力逐渐壮大，通过连年的战争与征伐，逐渐占领了长江中游地区，在春秋时期，成为"春秋五霸"之一。

在荆楚地区，考古工作者发现了大量春秋时期的文化遗迹，这些具有独特特征的墓葬和遗址，表明了春秋时期，楚文化已形成较为完整的体系，并以楚国为中心、以荆楚民族为主体。到了战国时期，楚国实力继续扩张，不仅占据了长江中下游的大片领土，并且领土延伸到四川、贵州、河南的部分地区，因此，楚国也成为"战国七雄"中地域面积最大的政权国家。由于多年的经营和缔造，楚国以及荆楚民族逐渐由一个弱小的部族成长为一个势力强大的国家，与此同时，楚文化也在产生、发展、传播以及与外源文化的不断融合交流的过程中的逐渐显现出自身的独特魅力。

根据相关文献及史料记载，楚国从分封至丹阳到被秦国所灭，共计约有270座大小不等的城邑，考古中已经发现的，并得到公布的楚文化城池遗址已有50余座，湖北有江陵楚纪南城、宜城楚皇城、当阳季家湖楚城、云梦楚王城等，河南有信阳楚王城等，湖南有长沙楚城等，安徽有寿县春城等。这些大多建于春秋战国时期的古城遗址，有的甚至到南北朝时期才被废弃，这些古城曾经有着不同的用途，被作为都城、别都、县邑、军事堡垒等。

在长江中下游、四川盆地、岭南等地区，广泛分布着楚国墓葬，现已发掘的墓葬数量和规模均远远高于东周其他国家，单就湖北与湖南两省所发掘的墓葬数量就已超过5000座。许多墓葬中有着大量精美且文化内涵丰富的随葬器物，并且保存较好，如在江陵马山地区出土的丝织品，在长沙子弹库出土的帛书与帛画等。除此之外，还有在其他地区出土的兵器、车马器、陶器、铜礼器、竹简、玉器、石器等。

在农业、商业、手工业、城市与交通等楚国物质文化方面也有着诸多惊人的发现。楚国在农业方面，可以看到农具的发明及使用情况，不断增加的耕地面积，产量与品种不断增加的农作物以及农副产品的不断发展。楚国农业表现为两大特色：先进的铁制农具和发达的水利事业，因此，这也进一步促进了楚国农业的飞速发展，使得楚国成为南方地区的农业大国。楚国自始至终对商业也极为重视，其商业发展极为迅猛。随着楚国商品贸易范围不断扩大，其货币制造业也得到较快的发展，不只铜币广泛流通，金币与银币也在大范围使用。楚国的国力也促使手工业飞速发展，在多个领域和范围内都有显著的成就，如漆器、丝织业、铁器铸造、青铜器、建筑业、竹木器业、造船业等。其中以漆器业和丝织业的成就最为卓著。楚国有着众多的城市，为了便利城市间的沟通往来，在交通方面楚人投入大量精力，便利水路和陆路顺畅通达。

楚国在这些方面体现出的物质文化成就，反映出楚国人民的智慧与精神面貌，体现出楚国文化的丰富性、广泛性、适应性，在长期的历史发展演变中呈现出独特与强大。

三、荆楚文化的地域特色

荆楚文化具有鲜明的地域特色文化，其具体内涵可以概括为十个大的系列，如图1-6所示。

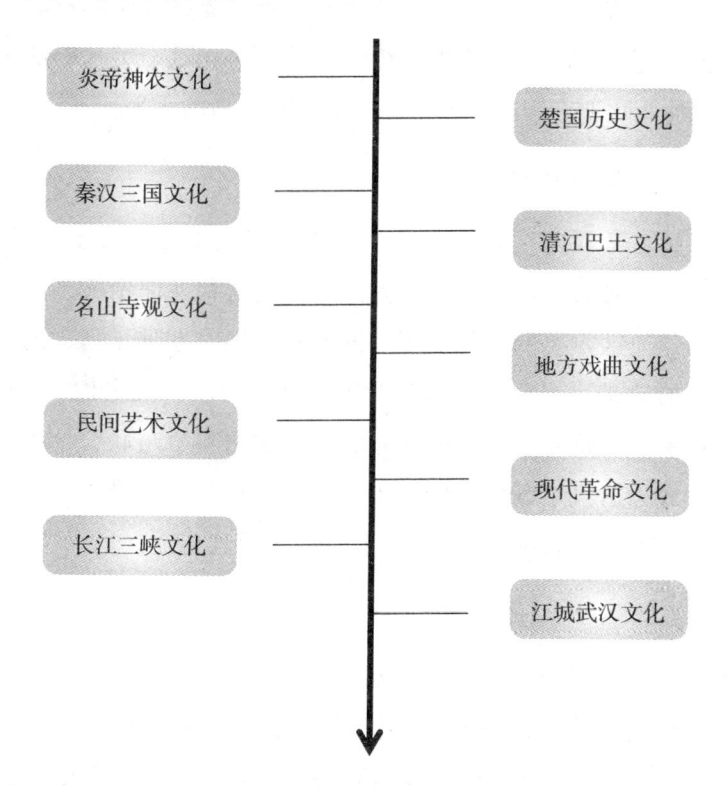

图1-6 荆楚文化内涵系列示意图

（一）炎帝神农文化

炎帝神农主要的活动地域在湖北随州、神农架、谷城，在这些地区流传着许多民间传说，并且保存着诸多文化遗址。在这里，神农遍尝百草，疗医百姓，发明农业，教民以耕，其深厚的历史文化底蕴将中华文明由渔猎文明过渡到农耕文明

（二）楚国历史文化

湖北可以说是楚文化的发祥地，楚国在春秋战国时期就已成为一个大国，在近千年的漫长发展中创造出了璀璨辉煌的文明成果。楚国的青铜铸造工艺、丝织刺绣工艺、八音齐全的音乐、偃蹇连蜷的舞蹈、精美绝伦的漆器制造工艺，除此之外，哲学、散文、辞赋、美术等都是十分重要且珍贵的文化遗产，在世界范围内都有着较高的水平。

（三）秦汉三国文化

湖北地区在秦汉时期是当时一个重要的文化中心，汉光武帝刘秀、汉明妃王昭君、张家山汉简、云梦古泽、睡虎地和龙岗秦简、文学家王逸等都是荆楚地区重要的文化资源。湖北在三国时期处于魏、蜀、吴三国交错连接的地带，因此也是这三个国家必争的"四战之地"。不管是在政治、军事，还是在经济与外交方面，其中的斗争与联合，相互之间的分分合合成为后人不断争论的焦点。赤壁、乌林、古隆中、长坂坡等著名的文化景区，其承载着的三国文化让后人流连忘返。

（四）清江巴土文化

古代的巴人是如今清江流域土家族人的祖先，这里的人民勤劳、勇敢、善良、热情、质朴，有着极其优良的民族素质。其中的婚丧习俗、歌舞曲艺、建筑交通、饮食服饰等是清江巴土文化中极具代表性的方面。巴土文化另外几个重要的富集地：恩施自治州、长阳自治县、五峰自治

县。这些地区景色宜人、有着丰富的资源与物产，因此，最适合发展湖北的特色经济。

（五）名山寺观文化

湖北省有着诸多名山大川以及寺观古建筑，因此也形成了具有本地特色的文化资源。武当山有着悠久的历史，经过几百年的发展，形成了具有丰富文化内涵的武当文化。除此之外，大别山、荆山、齐岳山、大洪山，以及来凤仙佛寺、当阳玉泉寺、黄梅五祖寺、武昌宝通寺、汉阳归元寺、武昌长春观、荆州天星观等山川古寺观在国内外都有着极高的知名度和特殊的文化内涵。

（六）地方戏曲文化

荆楚地区由于在历史上不断融合与发展，因此在戏曲文化上也有着极其丰富的艺术形式，如汉剧有着丰富的角色，多以抒情的方式进行表达；楚剧有着质朴的语言，因此乡土气息也更为浓厚；荆州花鼓戏，腔调声音优美迷人，兼有阳春白雪与下里巴人。荆楚地区也有着丰富的说唱艺术，如湖北评书、湖北大鼓、汉川善书、汉滩小曲等形式。

（七）民间艺术文化

阳新的布贴、通山的木雕、黄梅县的挑花和木版年画、丹江口伍家沟村的民间故事、安陆的民间漫画、宜昌夷陵区的民间版画等，不管是在省内还是在省外，都有着广泛的影响力，同时，这些地方被中国文化和旅游部授予"全国民间艺术之乡"的美誉。

（八）现代革命文化

辛亥革命的开端——武昌起义，在清王朝统治的心腹地带打响，推翻了中国历史上的最后一个封建王朝，结束了长达两千多年的封建帝制，湖北仁人志士与革命党人在其中发挥了举足轻重的作用。以武昌起义为代表，形成了湖北和武汉近现代史上波澜壮阔的革命文化内涵。在新民主主义革命时期，董必武、陈潭秋等无产阶级革命家在武汉建立了共产主义小组，武汉也是大革命的中心。武昌农讲所、"二七"大罢工、"八七"会议、鄂豫皖和湘鄂西革命根据地、黄麻起义、八路军办事处、武汉保卫战、中原突围、刘邓大军挺进大别山、新四军司令部等一系列革命事迹、革命活动、革命遗址等，形成了近现代湖北革命文化的主要内容，是当地极其重要且珍贵的革命文化资源。

（九）长江三峡文化

长江三峡是世界上最为著名的峡谷之一，有着闻名世界的水电能源基地与地球上最大的人工湖。三峡庞大而复杂的枢纽工程，成为世界范围内雄浑奇特的景观，不管是其动人心魄的自然风光、多彩迷人的人文景观，还是其浪漫神秘的神话传说、峡江两岸的独特的风土民俗，形成了具有自身浓郁的特点的峡江色彩的文化流派，同时这也是三峡文化的独特之处。

（十）江城武汉文化

处在长江和汉江两江交汇点的武汉，自古就有"九省通衢"的称号，从商周时期开始，就是南方与中原连接的战略要地。从商代的盘龙城建立伊始，历经3500多年的历史沧桑，武汉这座城积淀了深厚的文化底蕴。明清之后，武汉又逐渐发展成为中南地区最大的工业城市，在近现代的中国，武汉是中国的经济中心之一，同时也成为一具重要的工业基地。在中国的现代史上，武汉在一段时期内是中国的政治、经济、文化中心，江城武汉文化有着显著的区域特色。

湖北是荆楚文化的发祥地，也是古代楚国的政治、经济、文化中心。从物质文化和精神文化两个层面来梳理荆楚文化的发展，可以总结出五个方面的创新物质，而这些宝贵的文化遗产也是发展当今先进文化重要的精神遗产。

四、荆楚文化的哲学底蕴

在多元化的中华文化之中,荆楚文化从春秋战国之时开始,就显露出自己独特而又耀眼的光芒。屈原的"上下而求索",季梁的"先成民而后致力于神",尹吉甫的"天生烝民,有物有则",老、庄宣扬的"南方之强",此外,荀况曾两度做楚兰陵令,晚年时退隐兰陵著书立说。一代代哲学大家,通过他们敏锐的思考和睿智的洞察,滋养着荆楚文化。

荆楚文化的哲学智慧首先体现在其无限的包容性上。道家平等、宽容的精神影响着楚文化的发展,老庄哲学是其中的典型代表。老子的《道德经》揭示了正义的前提条件是宽容,这也是最接近自然法则的心态。庄子在大与小之间进行反复的辩证与探讨,并且在大与小、有限与无限的相互比较之中,克服了"一曲之士"的片面理解。他肯定了各家的常说"皆有所长,时有所用"。这种包容与兼收的态度,奠定了楚文化的精神底蕴,同时这也是荆楚文化哲学底蕴的第一个特点。老子与屈原二人这种"用尽恢奇,逞辞荒诞""宏逸变幻"的特征,既是楚国江汉山川湖泽自然环境的反映,同时也是《国语·楚语下》中提及的"民神杂糅,不可方物"的文化包容意识的具体体现。

重义理与善思辨是荆楚哲学的第二个特点。先秦时期的老庄学派、两汉的荆州新学、南北朝至隋唐的湖北佛学,甚至是近代江汉新学,都注重哲理性与思辨性。道家学说产生于江汉潇湘之间,以泽国为主要特征的道家学说,表现出了崇尚虚无、灵动进取,以及遗世独立、胸怀宇宙,以自然万物为主、以低调谦逊为宗的特征。他们探究天与人的边界,深刻剖析天地万物与人类共生统一的宇宙精神,体现出了人与自然、人与万物、人与大道等量齐观的自觉意识,又具有齐同物我、平视神人的博大眼光。甚至有的学者将先秦道家看作是中国轴心时代,是对哲学有着突破成就的代表,而这其中展示的是楚文化精神中所特有的思辨性。道家哲学是楚文化中的精髓,"有"与"无"同样也是哲学范畴中的思辨性，道家对永恒的"道"与短暂的"物"有着深刻且切入的分析，比柏拉图的感性世界与理念世界的区分，有着更高的思辨性与抽象性。楚民族的精神信仰与道家的思辨性哲学思维有着密切的关系。在很多学者看来，《楚辞·九歌》中的"东皇太一"，就是老子闻其风而悦之、"建之以常无有，主之以太一"的太一，在老子的文本中，太一是"道常无名""吾强为之名曰大（一）"中的"大一"。而"大一"也是楚人所信奉统管一切的天神。老子所解释就是对"太一"进行抽象化、概念化和理念化。老子哲学所创造的体系并不是从神话思维向理论思维、原始思维向哲学思维的过渡，而是将"道"从神话中脱离并抽象出来，把"太一"这一概念进行抽象化工作，在中国哲学体系中具有开创性的意义。

荆楚文化哲学底蕴的第三特点是否定性，其否定性表现为两个层次。

第一个层次是对公认的、现存的规范的突破。它以先秦道家对三代以来的礼乐传统深刻的批判为典型表现。这自然违背了与同时代诸子对传统观念的认同。在实际方面的否定显示出了一种文化自信的力量。

第二个层次是对"无"的功用的肯定。"无"在一般人的心目中，就是没有、消失、消亡、不存在，它是一种对现存的否定，在古希腊的智者的观念中，"无"是一种不可思议的力量。但老庄却从"无"中发现了有限性，认为"无"是世界的另一半，并且是与"有"共同发挥作用的一半。楚文化中蕴含着否定性的思维特征，它不只是对现实的简单批判，简单抛弃，而是对否定的否定，与同时代的思想进行对比后，可以发现其所具有的批判性与创造性不止于此。

五、荆楚文化的精神实质

荆楚文化的精神实质包含五个方面：其中有"止戈为武"的和合精神、"筚路蓝缕"的创业精神、"一鸣惊人"的创新精神、"抚夷属夏"的开放精神以及"深固难徙"的爱国精神。这些精神是荆楚文化精神的高度浓缩与凝练，如图1-7所示。

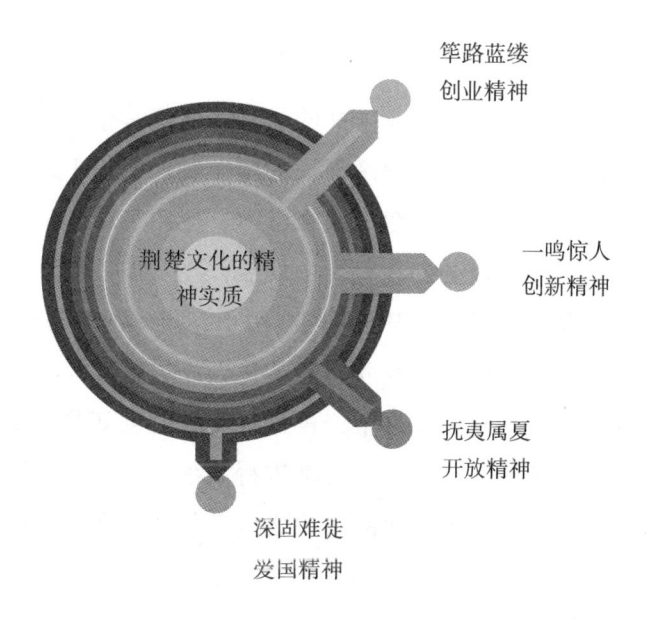

图 1-7 荆楚文化的精神实质示意图

（一）筚路蓝缕——创业精神

"筚路蓝缕"的创业精神可以说是荆楚文化之中最为重要的精神源泉。从一个不被人关注的部族，逐渐发展成为一个拥有灿烂文化的国家，从建立国家之初，荆楚人民就已表现出拼搏奋斗、不屈不挠、"筚路蓝缕"的创业精神，并且不管是在建立国家之初，还是已经发展成为一个强大繁荣的国家，楚人都始终保有着这种创业精神，并且一直延续至今。此外，不管是在建立一个国家，还是在文化精神的创制，荆楚人民也都有着一种开拓创新、自力更生、艰苦奋斗的创业精神，从无到有，从有到丰富多彩，荆楚人民通过自己的智慧与勤劳，创造着一个属于自己的物质与精神世界。

（二）一鸣惊人——创新精神

在具有不断开拓的创业精神的同时，荆楚文化之中还蕴含着"一鸣惊人"的创新精神。荆楚地区漫长的历史发展过程中，融合了诸多外源文化因素，与此同时，荆楚人民在学习、运用、结合的过程中，加入了自己的创造与创新成分，在融合中发展，在发展中创新，在创新中不断完善。荆楚人民在创新意识的不断指引下，集聚智慧与经验，不鸣则已，一鸣惊人。创新的前提是对既有的文化内涵进行深挖与剖析，在深入理解与掌握了荆楚文化的基础上，再进行文化的创新与认知的重塑。创新也同样来自于实践，在实践中逐渐进行系统的总结与归纳，文化与实践相结合，在实践中找寻文化的用武之地及价值所在。创新可以是一个结果，也可以是一个过程，在不断积累的过程中，最终到达一个点，而引爆意想不到的反响。

（三）抚夷属夏——开放精神

"抚夷属夏"指春秋战国时期楚国的"抚有蛮夷，以属华夏"的改革政策。楚国在当时处于夷夏相交的地方，因接触着华夏文明与本地区文明的影响，因此，在文化上具有极度的开放性。楚国将自己的文化归属于华夏文明，而在民族政策上，楚人把自己置于夷与夏之间的位置，实行"抚夷属夏"的国策。对待被自己打败的国家，楚国所实行的方式是将其公室迁走，保存其宗庙，在其领土范围内同样实行县制，后来其他各国相继进行效仿，对其土地上的臣民实行安抚的政策，任用贤能人士。不管是在官制和行政建制上，还是在兵制上，楚国与中原各国存在着诸多差异。这些方面又可以体现出楚国作为一个已经成熟的大国，有着楚文化自身的文化自信，又突显出其个性与气魄。当时的楚国已经意识到，只有单纯依靠武力来征服天下，尤其是中原各国，不仅会耗费大量人力、物力、财力，而且也未必会赢得他国百姓的臣服。而若以文化为手段，通过在文化上进行国家的改革，改变国家形象，以文化软实力来以"德"

服人，以"文化"感人，不仅可以彰显自己的文化魅力，同时也可以得到中原百姓及皇家宗室的信任。荆楚文化中所具有的"抚夷属夏"的开放精神，不只是将自己的荆楚文化融入华夏文明之中，成为华夏文明的一部分，同时也让自身荆楚文化在融合的过程中，不断丰富、革新、完善，得到新的升华。

春秋战国时期楚国所实行的"抚夷属夏"的开放政策，均是站在自身国家角度来思考文化以及国家命运问题。虽然在表面上看"以夏化夷"是将自己的文化融入华夏文明之中，让自己本地文化进行"中原化"改革，具有妥协意味，但实则也是一种文化自信的彰显。此种改革措施在中国大历史上并非楚国一家所为，如南北朝时期鲜卑族的北魏孝文帝以及元朝时期蒙古族的忽必烈。这种改革形式多大程度上可以帮助这些国家实现真正的发展壮大，在这里不作深入讨论，但就其对于华夏文明以及荆楚文化的发展来说，增加了文化的多元性与文化融合的可能性。

（四）深固难徙——爱国精神

楚人有着强烈的"受命不迁""深固难徙"的爱国主义精神，春秋战国时期楚国百姓曾在强邻环伺的夹缝之中艰难地求得自己的生存空间，在长达千年的斗争与发展中，孕育出了成熟且强大的爱国主义精神。其中以屈原为典型代表，尤其在屈原人生的后期，虽然已经对楚怀王及楚国艰难的处境深为忧虑且失望至极，但在人生的最后时刻，依然眷恋故土，留在楚国，最终因楚国被秦国占领而投汨罗江，以身许国。而楚人忧国、思国、念国的情怀无不如此，对于国家兴亡之事尤为关切。当然，这也与楚人强烈的文化认同感、文化自豪感、文化自信不无关系。楚人对于自身文化的认同，实则是对本民族、本地域的一种认同，同时，这种爱国情怀与楚国创业之初的"筚路蓝缕"的奋斗精神有密切关系，楚人通过自己双手亲自建立起的国家，经过了艰难困苦以及漫长的时间考验，对待自己所创立的国家如同对待自己的孩子一般。因此，不管自己的国家处于何等危难的境遇，富强或是危如累卵，都会爱之切，恋之深，视如己出。

第四节 国内外文创产品发展概览

文化创意源自于英国，其后许多国家和地区也纷纷提出相关概念。主要包括版权产业、文化产业、休闲产业、体验经济、注意力经济等概念。世界主要国家和地区对创意产业的理解分为三种：以美国为代表的"版权型"，以英国为代表的"创意性"，以中、韩为代表的"文化型"。每种类型的文创产品的关注点与侧重点都不尽相同。

中国对文化创意产业的形态和业态进行了界定，明确提出了国家发展文化创意产业的主要任务，标志着国家已经将文化创意产业放在文化创新的高度，并进行了整体布局。

联合国教科文组织认为文化创意产业包含文化产品、文化服务与智能产权三项内容。

一、国内文创产品发展概述

"十四五"文化产业发展规划指出，"十四五"时期我国文化产业仍处于大有可为的重要战略机遇期。要立足中华民族伟大复兴战略全局和世界百年未有之大变局，深刻认识我国社会主要矛盾变化带来的新特征新要求，深刻认识错综复杂的国际环境带来的新矛盾新挑战，增强机遇意识和风险意识，认识和把握发展规律，善于在危机中育先机、于变局中开新局，改革创新、奋发有为，推动文化产业发展不断开创新局面、迈上新台阶。与此同时，当今世界正经历百年未有之大变局，国际环境日趋复杂，我国发展仍有很多地方有待进一步提高，也给文化产业发展带来了风险和挑战。文化产业自身发展的质量效益还不够高，产业结构还需优化,城乡区域发展仍需进一步平衡,文化产业和旅游产业融合不够深入,文化企业整体实力偏弱,创新创意能力和国际竞争力还不强,文化经济大环境有待完善落实。

我国文化产业未来的发展目标是,到2025年,文化产业体系和市场体系更加健全,文化产业结构布局不断优化,文化供给质量明显提升,文化消费更加活跃,文化产业规模持续壮大,文化及相关产业增加值占国内生产总值比重进一步提高,文化产业发展的综合效益显著提升,对国民经济增长的支撑和带动作用得到充分发挥。

中国文化创意产业要实现大发展大繁荣,企业需要向产业联盟方向发展,依托中国创意产业联盟开展组织创新合作,整合资源,提高自身竞争力,是大势所趋。中国创意产业联盟将确保合作各方的市场优势,寻求新的规模、标准、机能或定位,应对共同的竞争者或将业务推向新领域,企业和相关各方应结成互相协作和资源整合的新的合作模式。

在全球化背景下,许多国家政府对创意产业联盟有了新的认识:一方面,经济全球化弱化了政府对市场垄断的担忧。由于全球产业竞争的加剧,政府开始重新认定市场垄断中"相关市场"的范围,市场范围的扩大促使政府以更加开放和积极的态度应对市场的变化,产业联盟的发展限制条件进一步减少。另一方面,经济全球化促使政府更加关注本国产业的国际竞争力。政府从提高本国产业竞争力的角度出发重视支持产业联盟,以解决产业发展的共性问题,特别是产业创新中的共性问题。

中国创意产业联盟(China Creative Industry Alliance,英文缩写为CCIA)是由国务院有关部委领导支持、全国政协有关委员会和国家多部委指导,全国知名创意机构发起成立的创意产业化协作发展联盟,促进中国创意产业向高文化化和高技术化的融合发展,推动全国创意产业大发展和大繁荣,以最终实现创意强国目标而团结在一起的全国性创意产业合作联盟。联盟下设专家委员会、若干个区域委员会、行业委员会、创意产业研究院及基金理事会。2012年2月9日,全国政协教科文卫体委员会办公室、中国创意产业联盟、人民政协报社等单位共同举办"创意产业发展"座谈会。与会者就我国创意产业的现状和发展前景进行了广泛的讨论和交流,包括促进国家设计产业发展的相关政策建议、建设"创想乐园"的构想、转变文化资源配置机制的方法、文化创意产业发展的引领作用等。就目前来看,我国创意产业的发展主辐射力不够、人才培养机制也有待完善。政府应当加大扶持力度、紧抓产学研结合、发挥中国创意产业联盟作用、搭建产业开发研究院等,推动我国创意产业向前发展,使我国从"创意产业大国"逐渐成为"创意产业强国"。

随着经济和技术的不断发展进步,文化创意产业主要突出创新、创意两个特征,成为了我国产业经济发展的重要内容,占据了经济发展的重要份额。我国也开始高度重视发展这一新兴产业。国家首次提出"文化产业"的概念是在第十个国民经济和社会发展五年规划纲要中,纲要要求"完善文化产业政策,加强文化市场建设和管理推动有关文化产业发展"。第十二个国民经济和社会发展五年规划纲要中指出要坚持不断深入推进文化体制改革,大力促进文化事业全面繁荣,推动文化产业快速发展,我国开始对文化领域的发展和改革做出全面部署。

客观来说,我国文化创意产业发展水平仍有待提高,与一些国外发达国家相比有很大差距,发展过程中出现了很多不容忽视的问题。像动漫和电影这样增加值比较高的产业领域,我国远未达到世界一流水平;国内文化创意产业的发展也不平衡,差异较大。因此,作为文化产业中的重要组成部分,文创产业应当立足创新,寻求发展新动能,以文化为导向,不断开拓新的发展格局,站在新的历史发展高度,最大限度发挥文创产业的自身优势,为文化产业的发展提供助力。

从国家统计局公布的全国文化及相关产业年报中可以看到,我国的文化产业在2010年以后中止了2004年以来高达近24%的年增长率,且一路下降。但与此同时,与数字技术高度相关的行业却出现了爆发式的增长。因此,可以看到,文化产业尤其是文创产业可以借助数字技术的发展势头，助力产业升级，以"文化+数字科技"的方式，提升文创产品的可见度、认知度以及科技感和设计感。

2018年4月23日，在UP2018腾讯新文创生态大会上，首次提出了"新文创"的理念。基于互联网的共融共生，以IP构建为基础手段，通过强化产业价值与文化价值的相互赋能，最终打造出更多属于中国的文化符号。

"新文创"的提出不仅基于腾讯自身发展面临的困境，也基于我国文创产业的现状，故其对我国整个文创产业的发展也有着重要的意义。而如何做到新文创呢，仅仅是打造IP，以吸引流量是无法做到的。

要想打造新文创，内容永远排在首位。运营一个大IP不仅需要有号召力的产品内容，还需要内容的不断扩允以及广泛的授权合作，从而壮大IP，使其增值。文创产业要不断挖掘自身文化内核，打造优质、不可替代的内容。在把握好内容之后，就要注重给消费者或游客带来沉浸感，对沉浸感的需要催生了顾客对文化消费和文创消费的热情。试想，之前游客只是走马观花地隔着玻璃或者隔着人群去观赏景点或文物，而今文创消费品可以让游客将其带回家，还能营造出独特的氛围，切实增强了游客与相应文化的联系。所谓"成也萧何，败也萧何"，沉浸感的打造是像文创雪糕这样的文创火起来的原因，但也是其受限的原因。一旦脱离了相应的景区，游客就失去了那份沉浸感，也就对文创产品失去了购买欲。

最后还要注重多渠道、全产业链的实现IP变现，在必要的时候，也可以进行IP授权，扩大产业链。

在我国的文创企业中，故宫淘宝这一优秀代表或许会为这个问题的解决提供一些思路。

故宫是我国明清两朝的皇宫，北京故宫博物院是在故宫及其收藏的基础上建立起来的中国综合性博物馆，也是中国最大的古代文化艺术博物馆。在中国人的心中，北京故宫博物院有着独特的地位。

北京故宫博物院是国内第一家开淘宝店的博物院。2008年，由于来自故宫的礼物广受欢迎，线下商店已远远不能满足消费者的需求，为了更好服务游客，北京故宫博物院开通了线上淘宝店；前期设计出的文创产品大都中规中矩，在市场和消费者的认可度并不高。

2013年的故宫淘宝团队中已有了不少90后的身影，他们想要创造一个有血有肉的雍正形象，就尝试着做了会动的雍正H5页面，雍正一改往常的严肃形象，开始了撒娇卖萌。很多年轻人给故宫的客服留言，建议他们可以把雍正元素做成创意产品。故宫淘宝听取了这个建议，创意产品推出后就红遍大江南北。2016年，有网友建议故宫出一款以冷宫牌匾为原型的冰箱贴。故宫淘宝发微博回应"这都什么粉丝"，没想到网友们对这个想法纷纷表示赞同。半年后，故宫淘宝推出了"冷宫"冰箱贴。2017年，一名网友在淘宝买了故宫的胶带后突发奇想，用故宫胶带给外观单调的口红"贴膜"。这种创意"买家秀"迅速走红后，故宫淘宝发帖一篇《假如故宫进军彩妆界》，引发五万网友转发。而后，故宫淘宝在淘宝双12独家首发了8款原创彩妆产品。

故宫淘宝打破了大家对博物馆文创销售的刻板印象。它拥有皇室风范，但脑洞大开，宠溺粉丝，有些傲娇，但也和网友偶尔耍耍嘴皮子。可以说，故宫文创产品开启了国内文创产品的新时代。

依托互联网，故宫淘宝能看到其背后消费者的需求，这样其文创产品才能得到大众的认可。让人意想不到的是，故宫淘宝可以将年轻人的脑洞一次又一次转变成实体文创产品。故宫文创的设计团队没有闭门造车，而是借助互联网与消费者进行紧密地交流，在与网友的互动中寻找创意，获得灵感。

这样的故宫淘宝实际上已经变成了一个流量IP，有巨大的号召力，在跨界玩法中如鱼得水。可见在当今时代，文创产业要想持续发展，一直紧跟时代的脚步，就要想办法IP化。IP从狭义上来说，即为知识产权，但现在更强调其是可供多维开发的，并具有巨大影响力与号召力的内容。

二、国外文创产品发展概述

美国作为世界经济体系的一个主要经济体，其文化创意产业的发展也始终处于世界领先地位。好莱坞电影基地生产制作的电影影片和国家广播公司、美国广播公司、哥伦比亚广播公司这三家美国最大的电视公司所生产的电视节目，以及一些著名音乐唱片公司生产的流行音乐，对美国文化创意产业经济做出了巨大贡献，占据了绝大多数份额。美国在1996年时，其文化产业出口额首次超过其他所有传统产业，这时美国的文化产业已经成为其出口排名第一的产业。

英国也有自己的优势和特色，政府的高度重视为产业发展提供了重要保障。英国的文化创意产业已成为英国的第二大产业，发展规模巨大，有效地解决了大量的就业问题。近几年来，英国的软件行业及广告电视行业得到迅速发展，间接带动了文化创意产业规模的发展壮大。

日本最典型的文化创意产业为动漫产业。随着日本动漫产业的发展与传播，世界各国电影电视及网络媒体上播放的动漫节目大部分都来源于日本，这也极大地带动了日本文化创意产业的发展，使其逐步成为日本第二大支柱产业。

放眼全球，迪士尼可以说是文创产业的超级IP。1923年，迪士尼从动画制作起家，如今已有百年时间。在这百年的时间里，迪士尼逐步发展了包含真人电影、电视频道、戏剧音乐、主题公园、周边产业的全产业链生态，实现了优质内容资源的扩充、创新及开发。在全球，迪士尼拥有3000多家授权商，销售超过10万种与迪士尼卡通形象有关的文创衍生品。迪士尼强大的内容生产能力和系统的产业链规划是其百年屹立不倒的关键。

迪士尼公司这些年走过的路，其始终以内容为本。无论是创始人华特，还是对迪士尼产生了决定性影响的CEO迈克尔·艾斯纳和罗伯特·艾格，他们都始终将内容放在了第一位。当自身打造的内容不足以应对时代和市场的变化时，迪士尼还会大规模地收购其他优质内容。比如说其 CEO 罗伯特·艾格便曾与苹果公司合作，以 74 亿美元收购皮克斯，全面进军 3D 动画；而之后又以 40 亿美元收购奇迹漫画，拓宽用户群体，使迪士尼品牌进一步扩大。如此操作的最大优势是，一方面这些内容都已经过市场验证，且一定程度上，其发展超过同时代其他企业；另一方面，迪士尼可以确保自己在内容方面永远有碾压性优势。内容是迪士尼的核心价值，也是做好新文创，将文创产业 IP 化的核心。

从迪士尼曾经的 CEO 迈克尔·艾斯纳售卖录像带、发行周边产品开始，迪士尼就走上了多渠道、全产业链变现 IP 的道路。通俗来说就是要学会利用跨界的优势，就像故宫文创可以和文具结合，也可以和美妆、潮玩、生活日用品结合，就像先前我国部分博物院将文物纪念品与盲盒结合等。

迪士尼授权商品仅一年便在大中华区创造了 110 亿美元零售额，与这样类似的超级大 IP 相比，目前国内相应文创产业还处于起步阶段。我国虽然有诸如喜羊羊、熊出没等较有影响力的 IP，但是还停留在单产品文创阶段；也有在文创方面进展可喜的故宫淘宝，但是还不能做到走出国门，成为独特的中国符号。故而值此文化产业转型之际，我们需要去打造以 IP 化为核心的新文创，满足人们的精神需求，建立起属于我们的文化自信，并最终打造出能走出国门、面向世界展示的中国文化符号。

第二章 传统造物中"智慧"的应用

第一节 物尽其用——材质选择的"智慧"

物尽其用是中国传统造物智慧中的优良传统体现。新石器时代,人们开始制作工具之时,遵从以及顺应自然发展规律的理念就蕴含在传统造物智慧之中。这一理念的形成主要有五个方面的原因,如图2-1所示。

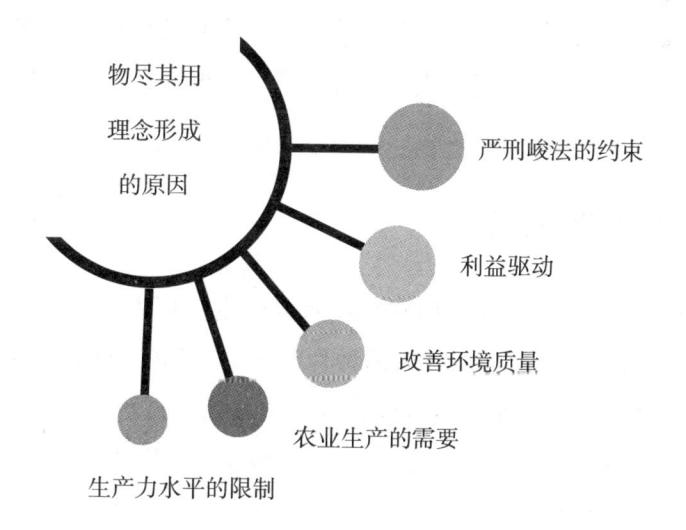

图2-1 物尽其用理念形成原因示意图

一、严刑峻法的约束

众所周知，秦朝的律法十分严苛，在垃圾管理方面也不例外，在《秦律》中有"弃灰于道者被刑"这一条法律条文，其量刑程度也延续了商朝的严厉刑法。即使到了开放包容的唐代，对于随意丢弃垃圾的人，也会受到严刑峻法的惩罚，《唐律疏议》中就有规定："其穿垣出秽污者，杖六十；出水者，勿论。主司不禁，与同罪。"意指随意将垃圾丢弃或将污水排放到弃街道的人，将被处以六十大板的刑罚，如果执法者纵容老百姓胡乱丢垃圾，则将受到同样的处罚。在严厉的律法约束下，老百姓不敢随意犯禁，因此，就会想各种方法来减少垃圾的产生，或是将垃圾变废为宝，对东西进行合理利用。

二、利益驱动

当刑罚还不足以规范人们的行为，若加之现实的利益驱动，对于垃圾变废为宝将会有更大的推动力。中国古代墨锭的出现就是利益所驱的典型例证，明代朱常淓《述古书法纂》中就有相关的记载，西周"邢夷始制墨，字从黑土，煤烟所成，土之类也"。煤烟在加工成墨之后，陡然具有了使用价值。

三、改善环境质量

在很早之前，古人就意识到垃圾对自己生活环境产生的危害，人们也更恼于逐渐增多的垃圾所带来的种种问题。《隋书·庾季才传》上有记载："汉营此城（长安城），经今将八百岁，水皆咸卤，不甚宜人。"人们意识到粪便和垃圾处理不当，使得长安城地下水中的硝酸盐含量陡升，人们的生产和生活因此而受到了严重的影响。不只是环境，人们的饮水也因此受到严重的影响。

《燕京杂记》中有记载："人家扫除之物，悉倾于门外，灶烬炉灰，瓷碎瓦屑，堆积如山，街道高于屋者至有丈余，人们则循级而下，如落坑谷。"垃圾堆积如山，已不是简单地影响人们的生活，甚至对于人们的出行以及日常生活都产生了极其严重的影响。在这种情况下，人们开始考虑如何可以充分地利用资源，减少资源的浪费，减少废弃物的排放，或是让所造之物可以使用得更长久，使器物由易耗品转变为耐用品。

四、农业生产的需要

在中国古代，农业是国家的命脉，是老百姓生活生存的全部支撑，因此，人们花费在农业生产上的精力和时间也最多，古人们想尽一切办法提高农业生产的效率，使在同样的时间里通过更少的劳动，产出更多的农作物。《诗经》中有这样的记载，"荼蓼朽止，黍稷茂止"，意为荼和蓼腐朽之后，埋于土中，可以使黍和稷长势更加茂盛。从中可以看出在很早之前，人们就已经意识到腐烂的植物，深埋在土里可以当作作物生长的肥料，使作物生长得更为茁壮。从中也体现出，很早之前的古人就有将物品变废为宝的意识。在人们的生产实践中，人们又发现，不只是植物朽烂了可以当作肥料，连人们在日常生活中产生的生活垃圾同样可以通过沤制而转化为作物生长所需的肥料。南宋陈旉《农书》中有这样的记载："凡扫除之土，燃烧之灰，簸扬之糠秕，断槁落叶，积而焚之，沃以粪汁，积之既久，不觉其多。"其意为，日常家里家外的尘土、燃烧过后的木灰、脱粒后的谷皮或稻皮，以及残枝败叶，可以将些杂物堆积在一起后进行焚烧，再掺上粪汁，再将其存放起来，以作肥料。当时的人们已经初步知识了制作肥料的过程，并通过这种方式在农业生产上充分加以利用。而这也让人们养成了一个变废为宝、物尽其用的良好意识与习惯，延伸到后来，人们对于其他一些事物，也都持有这样一种生活理念，充分挖掘每一样事物其深层次的功能与属性，看其是否拥有更为广泛的应用范围或是使用场景。

五、生产力水平的限制

古时的各种条件制约着当时人类的生产生活，人们不可能并且也没有能力进行大规模的生产和劳动。当时人们的生产方式主要是以个体为主，多用简单的生产工具。有限的条件激发了人们的创新灵感，人们想利用有限的资源，尽可能创造更大的财富，最大限度发挥土地优势，发挥资源优势。例如，东汉时期水车的发明，是中国农耕文明时代重要的灌溉工具。水车，也称之为天车，因其车高可达近二十米，半米口径的车轴由二十几根辐条支撑，呈放射状向四周延伸开，类似于如今的自行车车轮，每根辐条的最外层边缘上都连接着一个水斗和一个刮板，刮板将河水刮至水斗之中。水车无需借助人力来驱动，由河水冲击刮板，带动水车进行转动，凭借惯性可以缓缓转动，将盛满水的水斗推动至农田旁的渡槽中，槽中之水顺势可以流入农田，进行灌溉。

当时的人类在漫长的与自然斗争与融合中，逐渐意识到自然法则所具有的强大力量，因此，在生产生活、从事劳作以及利用自然时，对大自然保有一份敬畏之心，珍惜大自然的无私馈赠，与自然保持一种亲密而和谐的友好关系，对于资源的利用与开发上，尽可能地做到物尽其材、物尽其用。

例如，水稻在我国有着悠久种植历史，在1973年发现的"河姆渡文化遗址"中，有大量已经经过脱粒加工的稻壳堆积层，同时还有大量用来烧结陶器的水稻秸秆以及稻壳碳化层，从这些发现中可以看出，对于水稻，当时的人类已经对其进行了充分地利用，没有多余的材料浪费情况。在之后的社会发展历史中也可以看到，人们并没有中断对水稻及其附属品的探索与研究，水稻在脱粒之后，剩下的稻壳施用在农田中，还可以用来作土壤蓬松的肥料。水稻还可以与泥土掺和在一起，作为建筑房屋的黏结材料，或是直接涂抹在墙壁上，作为涂料，此法可以使房屋或墙壁更为结实耐用，同时还有明显的降温作用。可以将水稻碾碎后制作成短棒形状，将其焚烧，可以用来驱蚊除虫。水稻秸秆还可以用来作为炼制陶器的燃料，具有保温保火的功用。水稻收割之后的稻草有着更为广泛的用途，稻草经过编织之后，可以制作成草帽、草垫、草席、草绳、草鞋等日常生活用品。稻草茎秆中空，具有隔热的作用，因此，在南方部分地区用稻草编织成热食物的储藏器具，当地人称其为"饭焐子"，如图2-2所示。

图 2-2　饭焐子示意图

由图2-2可以看出，饭焐子上面还有稻草编织成的盖子，如果在四周和锅底铺一些瓢草，如果在稻草盖子上加一圈布料，会有更好的保暖保温的效果，饭焐子如同现在我们使用的保温饭盒。

在传统农村的房屋或是墙面上，可以经常看到稻草的身影，如图2-3所示。

图 2-3　添加稻草的墙体示意图

在图 2-3 中，稻草是一种基础必备的建筑材料，人们在建筑屋顶或是墙面时，都会在泥土掺入轧碎了的稻草，以加强建筑面的稳定性，这里稻草起到类似于钢筋混凝土结构中钢筋的作用，同时也类似于人身体中骨骼所起到的支撑作用。

在民间，人们还有诸多利用稻草的巧妙案例。古时，人们可利用的资源极其有限，在有限的条件下，人们利用现有的资源，开发出各种各样日常生活中的实用功能，最大限度地发挥了自然界中最为原始而质朴的材料的使用价值，各种材料的特性得到充分释放。由此可以深刻地感受到，物尽其用的理念与现代社会所提倡的可持续发展的理念相契合，不断追求零污染、零排放、零浪费的目标，也是高质量发展的要求，利用有限的、合理的资源来满足生产生活的需求，让资源高效地利用，深入挖掘资源的可利用空间。

除此之外，物尽其用的理念也与国家的"双碳"战略相吻合，这体现出历史价值与现实意义的统一结合。"双碳"战略即是倡导低碳、绿色、环保的生活方式。例如，利用稻草编织而成的饭焐子，其具有的良好的保温功能，可以减少人们在进食前再对饭食进行重新加热处理，减少无谓的能源损耗；又例如，稻草可以编织成诸如草帽、草鞋、草席等日常生活用品，一方面，在制作这些日常生活用品时，可以减少其他工作材料或是不可降解材料的使用量，另一方面，在这些生活用品超过使用年限后，还可以方便地将其填埋至土中，作为农田的肥料或是土壤蓬松物。稻草作为植物，也最容易降解，不会对自然产生不必要的污染。

由以上可以明显看出，古人在很早之前就已经形成了绿色发展的理念，中国传统造物智慧在其中也体现得更为明显，在发明或制造一些生产和生活用品时，这一理念便融入其中，并一直沿袭至今。如今，国家提出"双碳"战略，逐步减少碳的使用和排放，也正是与古人的这一理念相吻合，古人的传统造物智慧并没有因其久远而有所消减，反而与当今时代的发展以及世界文明的发展步伐相契合，以一种新的方式、新的形式再一次进行呈现。这也是对传统造物智慧的继承与发扬。

第二节 功能至上——产品形态的"智慧"

传统造物在产品形态上追求一个突出而鲜明的特点——功能至上。在整体形态上追求简洁直观，而在内部构造上追求轻巧灵便。生产器具在设计之初，就寻求长期的改进以及不断的优化，随着人们不断积累工具的使用经验，产品也根据需求的不同，逐渐改变自身的外部形态以及内部结构。东汉思想家、文学批评家王充在其代表作《论衡·别通篇》中提到："空器在厨，金银涂饰，其中无物益于饥，人不顾也。"[1]其意为，厨房内放着上空的器皿，即使涂金饰银，但这些精美的器皿对于一个饥饿的人来说，也没有任何益处，他们不会感兴趣。这段话充分说明一件器物，如果只有华丽的外表，而失去了其最基本的功能属性，就只能当作一个摆设，其不会存在太长时间。这其中反映出古代人们朴实无华的造物理念，这种注重实用性的器物设计理念，深刻地影响着中国传统造物的方式和思维。

一个典型的案例是利用自然风来分离物体的造物方式，就是"扬场"，人们可以将农作物的混合物抛至天空，借助风力，轻质的农作物壳会随风吹走，而重的农作物粒会直接落下，如此，可以将农作物壳顺利地剥离。但只是单纯依赖风并不可靠，因此，人们又发明了可以持续产生稳定风的工具——风扇车。到了明代，风扇车进一步得到改进，风箱由开放式变为封闭式，相较于之前，风箱出风更有加顺畅，并且也更加有力度，其设计的整体构造也更加接近于现代工具设计的结构。风扇车不管从外部结构来看，还是从内部的设计看，都是以去除粮食中的杂

---

[1] （东汉）王充.古典名著白文本 论衡[M].长沙：岳麓书社，2015：168.

物这一功能来进行设计制造的，同时风扇车操作起来也十分简便，不需要复杂的使用流程。在长期的优化升级过程中，这一器具一直沿用至今，这也成为中国人优秀的、明显的，值得传承的造物理念。

第三节　天人合一——使用方式的"智慧"

天人合一，是中国古代哲学中关于天与人关系的学说。意指天与人之间密切的关系，彼此不可分割。强调人道与天道，也就是人与自然的和谐共生关系。这一理念追求天与人相互应和，人是自然的一部分。传统造物思想追求崇尚自然，以自然规律为基本标准，顺应自然万物的发展。"天人合一"强调了整个世界是一个统一和谐的有机体，事物之间在对立与统一中达到和谐的状态，统一的造物智慧由社会组织结构、物质条件、自然条件三个方面构成，这也逐渐形成了理论、实践、形式的统一。传统所造之物最终都要落实到器物的使用上，设计师不只要考虑器物在设计时的与自然相合，同时更要考虑大众在使用时，是否也可以从"天人合一"的理念中受益，感受与自然和谐共生的状态，甚至是美感。

在如今的产品设计之中，所面对的是批量化生产的大的产业背景，设计师首先要考虑到大众的使用感受，同时，也要考虑产品的实用性、功能属性、材质使用、器物的使用过程，以及其中所富含的人文主义情怀，需要从产品的整体呈现上，分析与研究产品存在的实用意义。应当将更多的精力倾注到大众对所造产品的思考与感知中，在发展更迭的社会大背景中，提出新的、紧跟时代的物质解决方案。

"天人合一"的设计理念可以融入教育、娱乐、工艺、民俗等领域，这不仅与自然有关，同时也与人文有着密切的关系。例如传统文娱器物，其中包括动作玩具、声响玩具、静观玩具、食玩玩具等。南宋画家李嵩一幅《货郎图》的画作，图中描绘许多文娱器具，可以清楚地看出一些文娱器物，如风车、风筝、拨浪鼓等。拿风筝来说，这是一个很好地利用自然界中风的典型造物例子，一只小小的风筝，在一根线的牵引下，可以飘到极高的位置。据说风筝最早的起源来自于墨子，墨子曾花三年时间，用木头制造过一只木鸟，这也成为风筝早期的雏形。后来鲁班用竹子替换了木头，减轻了风筝的整体重量，很大程度上改进了风筝的飞行效果。到东汉时期，蔡伦改进造纸术之后，人们可以用纸做风筝的表皮，称为"纸鸢"，如图2-4所示。

图2-4 纸鸢

风筝的发明，可以体现出当时人们对于自然界的理解与认识的程度，人们对自己所处的自然环境充满着好奇心。随着人们的认知水平不断提升，生产生活经验的不断积累，人们对于自然的理解逐渐深入，人们探索和挑战自然的欲望也更加强烈。从风筝的发明中可以看到人们想要接触自然、探索自然的欲望，人们想更多地与自然进行接触。人们对天空充满着好奇心，甚至对大海、峡谷、深林、宇宙等一样充满着好奇心。

通过一只小巧的风筝，寄托着人类对未知世界的憧憬，对自然表现出的一种友好的好奇感。此时，风筝作为一种传统造物，拉近了人类与自然的距离，人们通过风筝，感受到自然的"秉性"和"脾气"。人们通过传统造物的方式，逐渐加深了对自然的理解，这也是人类与自然和谐共处的一个基础。

另一个值得一提的例子是"七巧板",如图 2-5 所示。

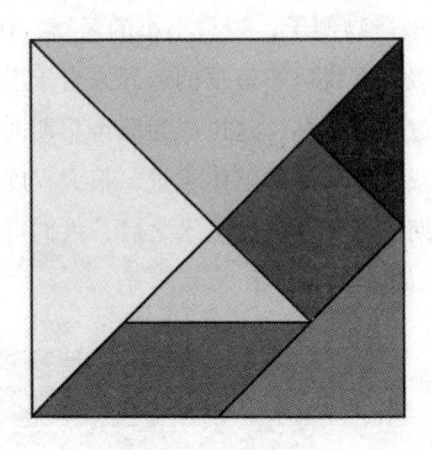

图 2-5　七巧板示意图

七巧板的历史最早可以追溯到公元前 1 世纪,约在明代样式逐渐固定下来,发展到我们现在看到的样子。"七巧板"作为一个古老的中国传统智力玩具,从其表面字义就可知,其是由七块不同图形的板子构成,而这七块不同形状的板子,可以拼凑出 1600 种之多的各式图形,可以拼凑出的简单图形如平行四边形、三角形、不规则多边形等,另外,也可拼凑出更为复杂的图形,如动物、人物、房屋、桥梁、灯塔,或者是一些汉字、英文字母等。随着时代的发展,人们认知水平的不断提升,出现了更多新生事物,而这也进一步拓展了"七巧板"表现图形的范围。"七巧板"作为一种典型的符号标记,看似简单的构成元素,其中凝结了事物构成或是自然形成的底层逻辑。我们所能看到的事物或是所处的自然环境,抑或是生活环境,其中大都是由复杂的多元素所构成。"七巧板"很好地展示了其中的运行逻辑。古人所说的"天人合一",也是道出了人与自然之间的存在着极其密切的关联性,不管是人,还是自然,都是由各种元素所构成,并且各个元素之间有着彼此相关联的运行规范。万物之间都存在着某种联系,人与自然若要达到和谐统一,就需要将彼此的利益点结合起来,人们在满足自身要求的同时,也要兼顾自然的可承载能力以及自然的极限。在考虑是人类社会是否可以不断发展的同时，也要同时考虑大自然是否因此而受到很大程度的影响和破坏。

人类是大自然的一部分，大自然也是人类世界的一部分，彼此之间不管是从宏观的环境、生态气候、社会发展、自然人文、地质地貌、生产生活等各个方面，还是从微观的原子、分子、粒子等方面，人类与自然有着诸多相融或相交的部分。人们在使用传统所造之物的时候，也是将自然规律、自然的样貌，浓缩到一个小小的器物之上，可以拉近人与自然之间的距离，人们可以把自然带入日常生活中，自然之感与现实生活交融在一起。

第四节 整而有致——审美情趣的"智慧"

传统造物除了在材质选择上追求物尽其用，在产品形态上保证其功能性与实用性，在使用方式上考虑人与自然的"天人合一"之外，还要兼顾传统所造之物的审美情趣，即给人一种美的享受。人们天生对于美的事物没有抵抗力，我们通常称为美的事物大多是由自然生成，大自然本身具有诸多美的元素，而人们只发现它其中很小的一部分。我们之所以越来越审美疲劳，就是因为我们身边充斥了太多同质化的产品或是事物，人们的创新力不足，新的观点和想法有限，人们对于美的理解与认识还远远不够，并且对于大自然赐予我们的丰富资源与灵感，人们挖掘的"深度"还十分有限。

一件美的器物，可以给人带来良好的第一印象，这也是器物与人重要的第一次接触，而后才会发生对器物的进一步的了解与使用，若不存在第一步的完美开端，即使一件器物具有明显的实用性，功能多么丰富，多么具有人性化的属性，也都没有更大的机会展示给使用者。因此，产品的审美特性需要给人展现出产品的整体性的效果之美。

审美并非虚无缥缈，而是有着自己的逻辑与趣味。"有致"一词出自清代宣鼎《夜雨秋灯录续集·古泗州城》中的"人取其砖琢砚，甚古朴有致，惜砖质不能细腻耳。"其大意是一个人用砖来雕琢砚台，发现最后所呈现的效果优雅而又有韵味，情趣油然而生。"有致"的本意即为有韵味、有情趣、有兴致。而"整而有致"一词的整体意思为在有条不紊的秩序中，还可体现出更多产品本身所具有的情趣与兴致。一件器物不但可以展现出最为基本的理性的视觉以及功能性的效果，同时还可以呈现出由内而外散发出的感性的造物智慧的魅力，其情趣与审美是一种整体效果，也是一种人为感知。

审美是人们理解世界的一种形式，它是人与世界、社会或是自然生发的一种无功利的、形象的、情感化的关系。

审美所指代的是可以让人们产生愉悦感的一些事物，这是拥有美的器物最基本的元素。不管人们从感性还是理性，从主观还是客观，来审视一件器物，器物呈现在人们面前的基本元素不会发生任何改变。所不同的是，人们对于一件器物的理解、认知、判断、感受不尽相同，因此所产生的审美感受也会有所差异。如此一来，审美就成为人们的一种共识对于另一种共识的调整、更新、迭代。就个人而言，每个人都有自己的审美标准，并且在不同的时期，所形成的审美标准也有所不同，个人的心情、状态、经验不同，也会产生不同的审美判断。

如隋代匠师李春设计并建造的赵州桥，其优美的单拱设计，以及圆拱式的独特造型，使其对称之美以及力量之美展现得淋漓尽致，如图2-6所示。

图 2-6　赵州桥

远观，整个桥体犹如弯弓，满弦直指天际，在洨河水面的映衬之下，整座桥体在河面上下呈现出虚与实的对称美。赵州桥又像是一个被压弯的扁担，扁担两头分别肩担着两个小拱，小拱自身表现出的分量将单拱压弯，横架于河面之上，力量与美感的完美结合，由此可见一斑。另外，大拱与小拱的设计以及精心的排布，表现出赵州桥不拘一格、大开大合的风格特点，原本一座简单的拱桥，经设计师的精心设计安排，首先在美感上，夺人眼球。桥面坦弧的设计，近似于一个平面，但远处所感受到的轻微的弧度变化，给人带来舒适愉悦之感。赵州桥整体都经由舒缓线条或图形来过渡，又给人以亲切感。触景生情，景物所呈现的样貌可以影响人们观赏时的心情，审美毕竟属于主观的人体感受。

看似简单的赵州桥设计，实则蕴含着不一般的设计巧思，以及高超的艺术造诣。多层次、多角度的对称设计，桥体自身形成的对称与和谐，以及桥体在河面上形成的对称，给人一种整齐划一的直观感受，没有多余的附带构造，让美感简单而纯粹，并且因为简单而增强了桥体的力度与气势。

第五节　寓意深远——文化传承的"智慧"

　　自古中国就是礼仪之邦，传统的礼仪器具也是品种繁多，琳琅满目。主要的礼仪器具有宫廷陈设器具、祭祀器具、商周青铜器、法器等。在中国古代，礼仪器具常用作的祭祀之用，因此，此类器具常常呈现出神秘威严，给人以肃穆暗淡之感。古代人们科技不发达，认知能力有限，对于所生活的环境以及自然的理解也存在一定的局限性，这也就导致人们将命运依托于冥冥之中的神鬼，因此，在日常生活中几乎从事各项事宜都要祈求上天的帮助，对于无形之中的这些因素，就会心生敬畏之心，而制造了诸多用于祈祷祭祀的物什。

　　商周时期，人们对于礼法尤为尊崇，在饮食器具方面，周朝有着极其严格的饮食礼仪制度。饮食器具必须与使用者的社会地位以及主人的身份地位相吻合。也因此，通过饮食器具，就可以判断当时一个人社会地位以及身份，通过宴饮或是祭祀中"礼"的使用，可以分辨出宴饮的级别、祭祀的重要程度、人与人之间的尊卑关系、人际之间呈现出的敬畏与虔诚程度，以及一些其他相关内容。例如对鼎的使用，"天子九鼎，诸侯七，大夫五、元士三也"[①]。任何人不能超越自身的身份地位，乱用礼仪。古代礼仪对鼎的使用的严格规定，演化到后面成为皇帝或天子无上权力的象征。这些礼仪器具，在本质上只是"礼制"进行实体化之后的一个代表物，其可以传达"礼制"的信息，通过这类器具，人们可以将无形的"礼制"转化成为有形之物，人们通过具象的器物，可以更加直观地感受"礼制"所传达的信息与内容，"礼制"的器物只是一个信息的承载工具，在器物身上，人们赋予了"礼"的意义。最后，这些礼仪器

---

① 许倬云. 西周史 增补2版[M]. 北京：生活·读书·新知三联书店，2018：180.

具随着时间的推移，逐渐演化成为一种文化的符号，其中蕴含着人们自身所寄托的理想、品德、心理诉求以及现实世界的秩序与规则。

传统造物智慧、文化、器物以及人，这四者之间存在着这样的一层关系，传统造物智慧根植于文化这片沃土之上，器物承载着文化的同时，也体现着传统造物智慧的内涵，人是其中所有环节的主导者、设计者、参与者以及器物的使用者。文化是深入骨肉的灵魂，它联结着传统造物智慧、器物与人，以内涵或概念的形式串联起各相关方。

第三章 荆楚文创产品设计开发概览

本章主要介绍荆楚文创产品设计开发的基本情况,其中包括荆楚文创产品设计发展概况、文创产品中荆楚文化元素的提取、荆楚文创产品设计开发的机遇三部分内容。

第一节 荆楚文创产品设计发展概况

以湖北省博物馆为例,现有文创产品大致有四类,一是工艺美术品,二是旅游纪念品,三是书画艺术品,四是传媒出版物。由于湖北省博物馆集荆楚文化之大成,故馆内文创产品及包装都是以重现楚文化的风貌为主。

在工艺美术品这一类文创产品中传统文物复制品所占比例较大,主要有虎座鸟架鼓、木胎漆盘、漆器卧虎、青铜人擎灯以及镇馆之宝越王勾践剑、六件套编钟等复制品。这些文物复制品均是根据馆藏文物等比缩小后仿制而成,无论是从外形、比例还是从色泽上都十分精细地做了还原,对于喜爱文物,想要收藏的入馆参观者都极具吸引力。这类传统文物复制品也是各大博物馆文创产品中不可或缺的重要部分。另外商品展示区还会出售一些首饰、玉石器、瓷碗、瓷杯,但并未与博物馆文化相结合，只是一些普通的装饰品。

旅游纪念品主要有外壳带有纹样的 U 盘、钥匙扣、编钟造型的冰箱贴、古画样式的滴胶磁铁、金箔的或木质的书签、结合了文物图样的小三角尺套装、扑克牌套装、日用便携小化妆镜等，另外还有一些丝绸睡衣、铜制烟灰缸、木质小香炉、卡包钱包套装等较为高档的文创产品。这类文创产品大部分经过设计加工，造型较为精美，文化感较浓厚，小部分文创产品制作较为粗糙。

湖北省博物馆中同样也售卖各种相关书籍资料，文物图片或插画的明信片等书画艺术品与传媒出版物。此类商品也属荆楚文创产品中的一部分。

第二节　文创产品中荆楚文化元素的提取

楚文化自形成之初至今历久弥新，生机勃勃，其原因在于构成楚文化的诸多元素并没被历史消磨殆尽，而是在历史的长河中积蓄成长，熠熠生辉。楚文化元素纷繁众多，最具代表性的当属青铜器、漆器、丝织刺绣、玉器等元素，如图 3-1 所示。

图 3-1　荆楚文化元素示意图

一、青铜器元素

"楚文化，从某种意义上讲，就是我国青铜时代的一种区域文化""最早的楚铜器年代可上溯到西周中期"。①而最具地方特色的楚式鼎在春秋中晚期出现。根据高崇文的研究，楚式鼎可分为折沿侈耳鼎、附耳折沿束颈鼎、子母口盖鼎、平底升鼎、小口鼎、扁斜足云雷纹鼎七种类型。②

纹饰方面，楚青铜器除了具有中原地区固有的纹饰，如蟠螭纹、蟠蛇纹、龙凤纹、窃曲纹、兽面纹、云雷纹、重环纹、圆涡纹、叶形纹、三角纹、梭形纹之外，还有一些具有楚式特色的纹样，如编织纹、云纹等。

此外，楚青铜器上的中原地区常见纹饰也有着自身的特点，如龙纹，楚青铜器上的龙纹多趋向于几何线条，不见首尾。楚青铜器的凤纹也与中原凤纹有所不同，如江陵望山2号墓出土铜尊上的24种凤纹，仅保留眼、嘴、爪部分，身体用几何线条代替。③

楚国前期的青铜器纹饰以具象化为主，对自然界万物进行模仿，如植物、动物题材等。而后期则发展演变为夸张、抽象的形式，更具艺术性。由此也可以看出，古代楚青铜器的发展脉络，由先前简单的具象模仿与刻画发展到抽象的夸张，由对称到不对称，由写实到浪漫，其中艺术性也逐渐提升，匠人们在创作时，逐渐发挥自身的想象力与创造力，作品中也更多地融入个人的思想与情感。由于创作逐渐趋于浪漫和艺术性，匠人可以表达更为丰富的内涵。

---

① 张正明.楚文化志[M].武汉：湖北人民出版社，1988：33-34.
② 高崇文.东周楚式鼎形态分析[J].江汉考古，1983（01）：1-18+50.
③ 方壮猷.初论江陵望山楚墓的年代与墓主[J].江汉考古，1980（01）：59-62.

二、漆器元素

鄂、川、陕交汇地区在先秦时期属于楚地,曾被誉为"漆源之乡"[1],是中国古代重要的漆器出产地,如南方出土的春秋战国漆器主要集中出土于该地楚墓中。楚国漆器大致分为饮食用具如耳杯、盘等;日用品如梳、奁等;娱乐用具如乐器鼓、瑟等;工艺品如彩绘漆鹿、卧鹿等;丧葬用品如虎座飞鸟等;兵器及其他。[2]

楚国漆器纹饰繁杂,色彩丰富,"以颜色来看,主要有黑髹、朱髹"[3]。从纹饰式样来看,动物纹样如龙、虎、蟠螭、凤、鱼等;植物纹样如扶桑树等;自然景象纹样如山字、云、卷云、云雷、三角雷纹等;几何形纹样如圆点、菱形、圆圈纹等以及社会生活和神话传说纹样等五大类。[4]

楚国早期的凤鸟纹装饰,大多吸收西周初年的严谨和简单化的特点,表现为:色彩单一,红、黑、黄是常见的主色;构图上由于相对自由、散乱,显现出一种原始艺术形态上的天真和神秘。不仅如此,早期的凤鸟纹装饰往往兼具怪异和荒诞的造型,带有十分强烈的图腾崇拜意识,若干个动物的局部造型会进行多样化的组合与排列,形成一种新奇的视觉感知,如早期楚国漆器中常见的凤头蛇身纹饰。

中期楚国凤鸟纹饰无论是颜色的多样化、纹饰制作的工艺进步还是在纹饰的造型方面,都有了比较大的发展。楚国凤鸟纹饰发展中期,"鄂系"是一种具有代表性的凤鸟纹饰体系,主要是以湖北地区所发掘的文物归类而来,比如较为引人注目的天星观墓群、马山楚墓、雨台山楚墓群,等等。在湖北地区所发现的楚国漆器凤鸟纹饰有着自身的特点,并且这种特点与其他地域的凤鸟纹饰有较大的不同,具有较为稳定的色彩

---

[1] 后德俊.楚国的矿冶髹漆和玻璃制造[M].武汉:湖北教育出版社,1995:203.
[2] 张正明.楚文化志[M].武汉:湖北人民出版社,1988:75-86.
[3] 张正明.楚文化志[M].武汉:湖北人民出版社,1988:88.
[4] 王生铁.楚文化概要[M].武汉:湖北人民出版社,2013:86-87.

造型、多样化的色彩体系和色彩搭配，以及对凤鸟形象的巧妙设计，无不代表着楚文化中漆器制作工艺的最高水平。

晚期的楚漆器凤鸟纹又有了较大的变化和发展，制作风格日趋成熟，颜色在原有基础上有了更加扎实的表现。但这一时期，楚国漆器的凤鸟纹还有另外一个重大发展，就是凤鸟造型出现了多种变体，原有的真实与神秘性有所变化，而是更加重视一种艺术加工，如设计的规范、几何构图的出现以及造型的抽象等。作为楚漆器凤鸟纹晚期代表的湖北荆门包山楚墓则反映了这一时期的发展特征。此外，相较于之前的凤鸟造型，凤鸟纹和云纹之间的关系有了更进一步的发展，二者紧密融合在一起，并且纹样的连续性、适合性也实现了和器物融合的规矩与和谐。

三、丝织刺绣元素

我国丝织手工业历史悠久，根据目前出土的丝织刺绣品来看，楚国的丝织刺绣在当时代表着较高水平。1981年江陵马山1号墓"出土的衣物共三十五件，按其织造方法和组织结构，可分为绢、绨、纱、罗、绮、绵、绦、组八类，其中刺绣品有二十一幅"[1]。同时可见的十八幅刺绣纹样中，凤纹有十七幅，由此可知，凤纹是楚国丝织刺绣的主要纹样。除凤纹之外，楚国丝织刺绣品上的纹样还有几何纹样、植物纹样、动物纹样和人物纹样。

"凤凰翼其承旗兮，高翱翔之翼翼。"[2]凤凰在楚人心中占据着重要的地位，江陵楚墓出土的虎座鸟架鼓、虎座凤雕像，荆门包山2号楚墓出土的凤鸟双连杯，江陵望山1号墓出土的凤纹丝织品，无不体现了楚人尊凤的心理。

楚丝织品品种齐全，达数十种之多，织造精良，织物的组织结构完

---

[1] 袁朝.江陵马山一号楚墓刺绣品图案考释[J].中原文物，1993（01）：50-55.
[2] （宋）洪兴祖.楚辞补注[M].北京：中华书局，1983：2.

备而复杂，色彩鲜艳，谱系完整，练染工艺纯熟，精练程度高。其纹饰繁缛，题材丰富，有几何纹、珍禽异兽纹、人物行为纹等类，构图紧凑，线条规整，层次分明，有立体感，同时纹饰组合灵活多变，富丽多姿。

刺绣一般选用织造精良、质地轻薄、平面整洁的绢为绣地用双股绣线采用灵活多变的方式锁绣出不同的花纹图案，花纹典雅而富丽，题材与丝织品基本相近，但偏重于珍禽异兽、奇花佳草和自然物象，其中以楚人崇尚的龙凤形象最丰富。楚丝织刺绣品的纹饰显示出了楚人丰富的想象力和精湛的艺术性。

四、玉器元素

《说文解字》说土："有五德，润泽以温，仁之方也；理自外，可以知中，义之方也；其声舒扬，专以远闻，智之方也；不挠不折，勇之方也；锐廉而不忮，洁之方也"[①]。楚国玉器种类多、技艺精，在我国玉器史上占有相当重要的地位。

1972年10月至1973年11月，湖北省博物馆在湖北襄阳市余岗山湾发掘的春秋中期墓地，出土玉石器46件，包括小玉璧、小玉瑗、小玉玦、玉片、玉璜、珠饰和各种几何形玉饰等，这是一批年代较早的楚国玉器。其中出土玉器的纹饰有云雷纹、螺旋形纹、卷云纹、蟠螭纹、羽纹、鱼纹等。[②]楚玉的纹饰"多强调动态美，飘逸奔放，化静为动，化严肃为轻盈，以柔美的线条，改变了原来给人以压抑之感的氛围"[③]。

据曲石先生研究，楚国玉器可分为古礼玉、装饰品和杂器。[④]古礼玉主要包括璧、琮、璜、圭四种，还有瑗、玦、环形器等三种。装饰品

---

① （汉）许慎，（清）段玉裁注.说文解字注[M].上海：上海古籍出版社，1981：23.
② 襄阳山湾东周墓葬发掘报告[J].江汉考古，1983（02）：1-35+95-101.
③ 寇燕，欧阳巨波.浅析楚国玉器的分类及文化表现[J].美与时代（上半月），2010（01）：61-63.
④ 曲石.楚玉研究[J].江汉考古，1990（03）：65-79.

是楚玉中最具地方特色的代表，可分为几何形、动物形和透雕三种类型。楚玉中的杂器有匕、带钩、镜架、剑格和俑等。

透雕双龙形玉佩为透雕而成，左右对称的背向并列双龙形，二龙尾间常有一小型圆形、椭圆形、方形物。透雕龙凤、螭形玉佩采用透雕技法雕琢，镂空部位较多，具有剪影般的艺术效果，常见有龙、凤组合，龙、螭组合，螭、凤组合，以及龙、凤、螭组合。神人驭龙凤、神兽造型为神人骑龙、凤飞升通天，或驾驭其他神兽作法的情景。特殊造型的龙形象造型张扬不羁，极具浪漫的艺术风格。凤形辅助装饰在玉器边缘镂雕出完整的凤形或凤首形图案。

双钩宽线龙首纹，龙首的基本轮廓，诸如鼻、口、下颌、角、耳部皆以宽带状的"C"形、"S"形纹样单元表现。这些条带状纹样单元制作起来比较复杂，先以双钩技法勾勒一圈细阴线框，再于框内以斜刀雕琢坡状纹，需要指出的是，"S"形纹样单元内均采用反向斜刀技法，以琢出两道倾斜方向相反的坡面，两坡面间会形成一道扭转的凸棱。楚式玉器常在空白处装饰各种形状的细密网格纹。"花朵形纹"是一种形若花朵的纹样，包括"花蕊""花瓣""花柄"等部位，迄今所见皆为阴刻技法雕琢，通常点缀于玉龙佩颈部。

在进行荆楚文创产品设计时，对荆楚文化元素的提取，文创产品的开发者可以取其典型的文化符号，再进行设计上的加工与设计。如对于凤纹图样的提取，可以将凤纹典型的线条元素提取出，再搭配现代设计的色彩，应用于文创产品之中。

从以上四种具有代表性的楚文化元素的艺术特色中可以看出，古人不只是对于自然的刻画与模仿，同时，随着技艺的逐渐成熟，作品中更多地融入了匠人对自然的认知，对万物的浪漫情愫与想象联想。匠人精湛的技艺自不必细说，在二维平面上，通过严谨的结构与布局，图案间的适合度，呈现出三维立体的效果，让画面更加逼真。另外，加上丰富的色彩使用，使画面效果更加生动活泼，同时，透露着古朴的浪漫气息。

楚人也善于将静态的线条与画面营造出动态的效果，通过动与静的鲜明对比，带给观赏者一种不同凡想的艺术体验。

第三节　荆楚文创产品设计开发的机遇

如今市面上一些含有荆楚文化元素的文创产品，其中包含的创意设计成分偏少，有的只是简单对文物的生搬硬套。在文化创意产业占国家经济发展地位日趋重要的今天，一些文创商店没有把文创产品的开发与包装设计放在重要的位置，文创产品缺乏设计感，因此，也更无法体现出设计与文化的结合。对于荆楚文创产品及包装设计，文创产品市场上上要存在着以下几个方面的情况：

一、产品种类较单一，包装形式老旧

荆楚文创市场上有许多文创产品是按照文物等比例的复制品，剩余的文创产品中，冰箱贴、书签、明信片与钥匙链占比例较大，这些都是一些较常见的旅游纪念品，从类型上看，种类较单一，缺乏创新。文创产品种类单一导致消费者可选择性小，在商品处停留时间短，而包装形式老旧则会直接导致消费者丧失购买欲望，靠近墙角之类的小件，展示台甚至很久都无人问津，大多数消费者会挑选一些书签、明信片之类的小商品。

因此，荆楚文创产品的开发者针对于这种情况，可以借助荆楚文化的丰富内涵，以及传统造物智慧的设计理念，对文创产品进行设计开发思路上的调整，应消费者需求，不断更新包装设计与形式，定期推出新的品种与样式，以满足消费者的需求。

二、包装上产品信息不完整

在荆楚文创市场上还有一些文创产品包装缺少必要的产品信息，如产品名称、材质、制造商、经销商等信息均未在包装中有所显示，无从查找，如首饰类，直接使用首饰盒装好后放置于商品展示台，甚至可见的文字也很少。这类文创产品包装除了缺失重要的信息外，与湖北省博物馆、传统文化之间没有任何文化关联与情感认同，无法识别产品档次高低与否，在视觉与直观感觉上，与小商品市场地摊货没有太大区别，这样的商品包装即使摆设在显眼位置，也不太会引起人们的注意。

荆楚文创市场上产品种类繁多，大部分从产品造型、图形、色彩等因素可以辨认出其所蕴含的独特的传统文化，但部分文创产品包装并没有统一风格，与产品造型上也并不契合，更多的是在现成尺寸的纸盒、木盒印上标识后直接拿来使用，无论是从设计上还是从材质上，都略显粗糙，有的 U 盘包装，使用塑料材质，包装展示面只印刷有产品条形码，毫无创新之处。

由此可见，荆楚文创产品的开发者除了要在产品设计上花费更多的心思外，还要注意文创产品应当具有的商品属性，包括包装上的产品信息的完整性，以及与文化之间的相关性。

三、包装设计缺乏审美与文化气息

很多荆楚文创产品在包装上并没有体现出文化的传承，没有将传统文化通过合理的开发设计后运用到文创产品包装中，型式过于陈旧。这些包装上的图形符号仅仅是传统图形符号的堆砌，其符号意义缺失，且毫无新意与美感，无法继承与发展传统文化的内涵，更是在视觉上缺乏艺术个性与文化传承感。

因此，荆楚文创产品的开发者应当将文创产品的审美性与艺术性融入产品的包装设计以及产品的整体设计理念中。

四、文创产品包装"各说各话"

有些荆楚文创产品会有一些系列感，如同一时期的文物模型、漆器、青铜器、玉石器等，另外还有借用楚文化的图形、造型一致的类似于书签、冰箱贴、钥匙扣等。这些文创产品包装之间并无任何关联，从图形符号、文字、造型上来看，都是在各自都在"各说各话"。文创产品包装作为传达文创产品信息的媒介，若是相同类型的产品包装具有系列感，在主题相同的情况下，会增强消费者对文化的认知。

第四章 荆楚文创产品设计分析

荆楚文创产品设计分析包含四个部分内容：荆楚文创产品市场需求、荆楚文创产品设计分类、荆楚文创产品设计特征、荆楚文创产品设计要素。

第一节 荆楚文创产品市场需求

2019年，北京师范大学文化创新与传播研究院用了半年左右时间，通过线上问卷调研和现场拦访调研的方式，以及结合网上文博文创销售的大数据，完成了一份基于市场需求的《中国文博文创消费调研报告》（后简称《报告》）。这份《报告》可能会对理解消费者喜好和文创产品市场需求有一定的借鉴意义。其中线上调查涵盖了国内55座城市，涉及中国七大地理区域，采集了6000份有效样本，旨在了解国内消费者对文创产品的产品功能、文化资源、购买类型、购买价位的偏好。而线下拦访主要针对于北京市内的16家具有代表性的博物馆以及公园文创店顾客，采集有1600份有效样本，旨在了解实体店的消费者对文创商店及其所销售的文创产品的评价，以及对文创活动的参与意愿。另外，研究人员同时还对天猫、京东等电商平台上国内外文博文创旗舰店的销售大数据进行了统计与观测，从而完成了文博文创线上用户使用情况统计与消费者偏好的数据分析，如图 4-1 所示。

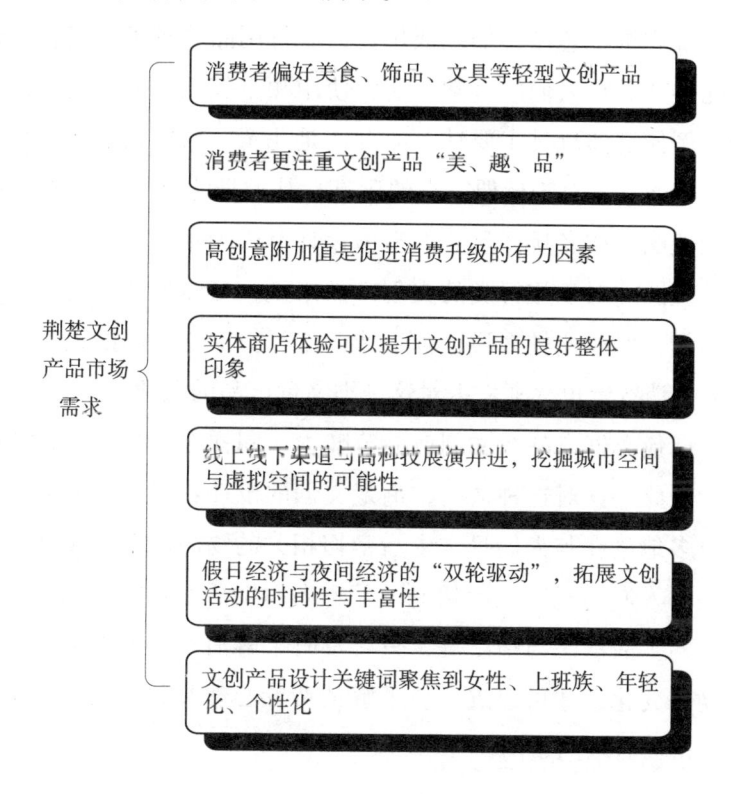

荆楚文创产品市场需求：
- 消费者偏好美食、饰品、文具等轻型文创产品
- 消费者更注重文创产品"美、趣、品"
- 高创意附加值是促进消费升级的有力因素
- 实体商店体验可以提升文创产品的良好整体印象
- 线上线下渠道与高科技展演并进，挖掘城市空间与虚拟空间的可能性
- 假日经济与夜间经济的"双轮驱动"，拓展文创活动的时间性与丰富性
- 文创产品设计关键词聚焦到女性、上班族、年轻化、个性化

图 4-1　荆楚文创产品市场需求示意图

一、消费者偏好美食、饰品、文具等轻型文创产品

根据调研及分析的结果显示，最受消费者欢迎的三类文创产品分别为创意美食、饰品配件、家居摆件。文创产品与现实生活的结合越来越紧密，人们更加注重自己生活的质量的提升，不管是吃、穿，还是日常生活用品，与人们日常生活密切相关的事物，人们对于生活中接触频率最高的物品有着更深的依赖程度。因此，人们也更希望通过日常物品使

得所用之物更具有文化内涵以及独特的产品属性，以提升生活品质。

值得注意的是，消费者在更关注与日常生活相关的文创产品的同时，对一些传统旅游纪念品，如玩偶玩具、旅行用品等有了一定程度的审美疲劳，此类产品在人们的日常生活中使用频率较低，并且使用人群范围也较少，例如玩偶玩具主要针对的群体是儿童，而成人群体则只有少部分人会选择购买。对于玩偶一类的玩具，其本身的 IP 属性可能直接影响消费者的选购，或者玩偶玩具的造型设计有极为生动、有趣、呆萌等方面的设计理念。对于旅行类的文创产品来说，虽然如今出门旅行的人数逐年在增加，但相比较来说，真正选购旅行类文创产品的人数所占的比例并不大，消费者也逐渐失去对这一类文创产品的兴趣。

当然荆楚文创产品在文创产品范畴内，同样也会受到此种消费趋势的影响。因此，针对这种情况，荆楚文创的设计者与开发者应当将设计的重心更多地放在与人们日常生活密切相关的物品之上，文创开发者应当更加关注人们的现实生活状况，了解人们生活方式的变化、人们的喜好、人们的生活状态与情绪等，只有及时了解消费者的需求，以及日常生活的动态变化，才可以进一步了解消费者心理及其变化，并及时把握消费者及市场需求的走向。

二、消费者更注重文创产品"美、趣、品"

随着人们生活水平的不断提升，人们的物质生活已经得到极大满足，因而人们对于精神生活有了更高的需求。消费者不再只关注文创产品的价格，不会一味地追求物美价廉与产品的实用属性，而是逐渐倾向于文创产品的品质、设计感与趣味、历史感、品位与美感。当然，文创产品的实用性与价格只是文创产品中的一个基本内容，消费者更多地看重文创产品所体现出的文化价值、审美情趣、产品品位等诸如此类的文创产品附加值的元素。如今，一件文创产品中可以包含诸多内容与信息，文创产品的品质可以体现在产品设计的各个环节，产品的整体性品质也是通过这些细小的环节来呈现的。

设计感与文创产品的趣味性，是在结合文创产品的功能性与价位的基础，进行产品升级化设计。消费者对于文创产品的实用性需求只是文创产品作为物品属性的一个方面，人们希望在物品之余，潜移默化地感受产品的人文内涵。文创产品的外在呈现是设计环节中最容易操作的部分，而产品的情感内涵则需要设计开发者在真正将自己的情感投入到设计开发的过程中，文创产品首先要能打动开发者自己，这样情感所产生的效应才有可能打动其他人。

文创产品所具有的历史感，在设计中是一个不容易做到的环节，需要设计者具有一定的历史素养，对历史有一个最基础的整体认知，具体来说，就是如何将荆楚文化的历史性与所形成的文化积淀更好地呈现在文创产品呈现的效果之中，设计者应当将荆楚文化的历史性与文创产品的品类有机地结合起来，交相呼应，每一个设计元素都必须有目的性，生硬地往上堆叠荆楚文化元素，只会让消费者不知所以然。

文创产品的品位与美感，属于最高层次的文创产品表达，可以说，产品设计的其他环节都是为品位与美感所服务，都是通过各自的方法来凝结而成产品的品位与审美特性。品位在产品设计之初可以由开发者确定一个大致的或是较为细致的方向，侧重于哪种层次的品位，希望文创产品表现出怎样的审美效果，期望给消费者带来一个怎样的内心感受。往往一件文创产品的品位与其美感，直接决定着产品的价值与价格，针对于这一点，消费者可以通过第一印象确定一款文创产品是否可以满足自己各方面的需求，这种第一印象可能是由文创产品品位所决定的，也可能是由产品的审美特性所决定的。因此，开发者应当花更多的精力与时间来思考如何可以实现这一目的。

上面只是单纯就一个方面来探讨消费者的需求情况，对于消费者所热衷的产品特性，开发者可以根据所针对的消费者群体的特点，灵活地将消费者所在意的关键因素加入其中。文创产品呈现出的是一个整体性的文创内容,因此,文创产品中的每个环节都不是独立存在的,它们彼此之间都有着相互影响与联系。从另一角度来看,消费者想要从文创产品中得到的是心情的愉悦与快乐的内心感受。不管是文创产品的品质、设计感与趣味,还是历史感、品位与美感,消费者所关注的这些方面都可以为其带来不同程度与不同层次的愉悦感受。消费者看到一件文创产品时,其品质上乘,手感、质感等方面都给人以舒服的感觉,消费者自然会感到心情舒畅;如果文创产品自身又充满设计感与趣味性,除了实际的使用方面,还有一定的使用情趣,文创产品所带来的趣味性可以让消费者每次看到文创产品都保持一个好心情;若在这个基础上,文创产品包含荆楚文化中的历史感,除了产品的功能性、设计感与趣味性之外,还有一定的历史性与文化属性,这就在无形之中增加了文创产品的故事性,而不只是一件冷冰冰的物品,其故事性可以将产品赋予人的温度,这种感受可以让消费者感到舒服而亲切。最后,文创产品如果可以进一步地呈现出品位与美感,则更增加消费者的满足感,人们通常都无法阻挡美的事物,每个人也都一个爱美的心,产品品位与美感结合在一起时,可以将产品的整体性与各个元素统一协调在同一个审美标准下与同一设计理念下。

三、高创意附加值是促进消费升级的有力因素

现阶段的文创产品消费市场,虽然人们更加注重文创产品的创意附加值,但在真正购买时也许会因为价格的原因或是一些产品最基本的因素而影响消费者对文创产品的认可度。因此,文创产品的价格还是会影响消费者是否会选择购买文创产品,而如果只是围绕在产品价格这一个方面,不但不能为文创产品的开发者创造更高的利润,同时还有可能会让文创产品掉进一个只拼价格的怪圈中。而荆楚文创产品在设计时应当

将更多的注意力集中在产品的创意与高附加值上，赋予产品典型的楚文化独特的艺术形式和理念，楚文化特点及独特的人文内涵，同时要将楚文化与现代审美、现代加工技术、新材料相集合，增加楚文化文创产品的新活力，拉动消费者的认同与喜好。就目前的文创产品市场的整体情况来看，具有高附加值以及具有出色创意性的文创产品仍是少数，开发者在大部分产品设计之时虽然已经有了追求创意与高附加值的意识，但所呈现的效果并没有达到预期，因此，相对于价格竞争，开发者在创意方面投入更多精力，可以从本质上促进文创产品的消费升级。开发者可以从文创产品层面提升消费者的审美水平。

当然，回归到文创产品的本质来说，创意应是文创产品所具有的最基本内容，如果文创产品的创意只是简单的"拿来主义"，只是文化元素简单的堆叠，消费者自然可以一眼看出产品在设计之时的用心程度。因此，一个好的创意应当在原有的产品属性达到要求后，通过创意的融入，让产品的表现力度更加强烈，其他所附带的次要设计元素都可以融入其中。

四、实体商店体验可以提升文创产品的良好整体印象

消费者对文创产品的整体感受与认可，不只通过文创产品本身，消费者在实体商店选购产品时，也会受店面的装饰风格与选址位置、店内的整体服务、消费者在店内的实际体验与感受等因素影响。当下的消费者在选购商品时，更看重在购买时商家所提供的服务质量，现在是一个物质丰富的时代，每种产品都会给消费者提供诸多选择。实体商店能够针对消费群体的特征，对消费体验活动展开具体的、新颖的体验服务模块，如 VR 体验、数字化体验，增加消费者的参与度，同时，定期开展交流会，消费者能与同龄爱好群体展开交流，实现消费群体文化的构建，最后，增加交流分享会，还能通过反馈使用心得、体会，感悟，为后期

产品迭代获取一手资料。

虽然信息技术和科技的飞速发展已经伴随人们的生活很多年，人与人之间的沟通交流方式越来越便捷，但任何高科技的媒介都很难代替人与人之间真实地、面对面地进行沟通交流，并且这种传统的交流与沟通方式在当今这样一个时代背景中，显得愈加珍贵与难得。因此，文创产品商家应当把消费者的真实体验的感受也纳入文创产品设计开发的环节中，消费者对与文创产品相关的各个环节的品质与质量的评价，也会直接影响其对文创产品的评价。对于消费者来说，第一印象往往极为重要，如果消费者对文创产品可以产生良好的第一印象，则在后面的一切环节中，消费者都会保有对该产品的良好信任，同时认可度也会更高。反之，如果消费者在开始接触文创产品时产生了不好的印象，则商家再想通过其他方式挽回形象就会很难。

总体而言，消费者既然选择消费，就希望可以换来安心、舒适、享受与被尊重。如果这些基本的需求不能通过文创产品或相关配套的服务与周边服务来获得，则文创开发者仍需要进一步地改进或提升产品的品质。

五、线上线下渠道与高科技展演并进，挖掘城市空间与虚拟空间的可能性

线上产品的销售渠道可以为消费者提供更加便利购物体验，当然这需要建立在消费者对文创产品的较为深入的认知与信任基础上。线下的实体商店很可能还是消费者的首选，消费者在店内充分体验文创产品由内而外所呈现的效果后，可能选择当即购买，也可能会选择在线上进行购买，这其中一部分会取决于消费者日常的消费习惯。虽然如今网购已经成为人们更多选择的购物方式，但对于文创产品这种性质的产品来说，很多消费者还是倾向于先对文创产品有一个真实的体验与感知，毕竟在真正购买前，只有通过真实的接触与才能真正地感受到，或者可以接触到产品设计所带来的不一样的感受。在决定了之后，选择通过何种渠道进行购买，这个环节已没有那么重要。

在条件允许的情况下，文创产品的商家可以为消费者设置更多的体验地点，以更方便消费者进行产品的体验与购买行为，当然，地点的选择需要提前进行规划与设计，充分利用城市空间，所选地点与环境风格要能更好地契合文创产品的风格定位与设计理念，可以给人一种整体感与协调性。在文创商店之外，可以选择商业街区、艺术园区，甚至是机场、火车站等交通枢纽地点也可作为文创产品销售的场所。

伴随着信息时代的发展，科技也在飞速进步，高科技与文创产品及文创活动的结合可以为文创活动开辟一条崭新道路，在各种虚拟文创中，消费者更热衷于科技互动展演。人们已经习惯于现代社会生活的便利与快捷，习惯于高科技所带来的生活品质方面的享受，在这种情况下，文创产品开发者所需要做的是如何更完美地将高科技与荆楚文化结合起来，让文创产品在体现科技感的同时，也要暗含文化的基因，这需要设计者的智慧与能力。其中可以通过科技的方法来表达文化信息，也可以通过科技的方式来对文创产品进行呈现。如高科技展演的方式，如今，在人们的日常生活之中，人们使用手机、电脑，或是其他终端设备在线上几乎可以做任何事情，人们也习惯于这种省时、省力、高效率的方式，因此，通过网络媒体将文创产品进行全方位的展示，这也成为结合线上与线下两种方式优势的一种最佳形式。为了更真实地展现文创产品的文化韵味和美学变迁，可以将虚拟现实、增强现实、5G技术等融入其中，以增加现实的真实体验。但不管高科技如何趋近于现实，但在现阶段科学技术的发展水平来看，终究还是不能代替现实生活中的真实感受。因此，以科技的方式来体验形式功能、审美志趣、文化内涵，只能作为传统营销推广方式的一种补充。消费者在现实生活中的真实情感以及与文创产品接触过程中的互动体验应当是文创产品开发者需要认真关注与思考的因素。

城市空间是现实中的空间,而虚拟空间是在网络上人为营造出的空间,文创产品的营销与推广需要充分地利用现实与虚拟的空间。基于这一点,文创产品的开发者可以将产品设计的视角拓展到更大的想象空间中,在现实与虚拟之间寻求平衡。也可以考虑利用科技手段,将虚拟效果或是数字技术应用于真实世界中,以增加文创产品的展示效果。一些不利于通过实物来表现的效果,可以选择通过虚拟技术。另外,文创产品的开发者也可以尝试将文创产品进行虚拟化设计,同时在虚拟空间进行展示,甚至可以尝试融入网络游戏中。

六、假日经济与夜间经济的"双轮驱动",拓展文创活动的时间性与丰富性

假日经济与夜间经济已经成为如今消费者集中购物的典型时间段,冲动消费无可褒贬,消费总需要一些由头,假期或是夜间,本身就是需要放松和解压的时间,消费者借由这样一个契机,可以更好地缓解生活或工作中的一些单调或乏味。将文创活动进行拓展,融入假日经济和夜间经济,在丰富人们业余生活的同时,可以更好地助力文创产品的消费升级。人们对春节庙会、元宵灯会一类的传统文化活动有着极大的兴趣,除此之外,对夜游船、主题夜宴、公园探秘、夜宿博物馆一类的夜间主题文化活动,也十分热衷。另外,赏花、赏月、赏美景的户外活动,人们也有着极高的参与热情。

借着假日经济与夜间经济的思维,进一步开拓以文创为主题的活动,增加文创产品的展示机会,通过各种方式与消费者近距离接触。或是将假日、夜间以及文创主题活动集合成为一个周期性的系列主题活动,让消费者在每次活动之前对活动都有所期待,每次活动结束之时,为消费者留下一个类似于"彩蛋"形式的吊人胃口的"扣子",一个未完待续的活动收尾可能会带来意想不到的效果。但在组织这一系列活动前,组织者需要对文创主题活动有一个整体规划,如何才能在每次活动中都能

带给人们不一样的独特而又新奇的体验,是组织者与文创产品设计开发者需要认真思考的问题。在这个酒香也怕巷子深的年代,文创产品需要有更多展示自己的机会,与消费者进行持续性的互动与交流,在增加文创活动时间性、丰富活动内容的基础上,提高消费者对文创产品的黏性。

在信息大爆炸时代,人们更容易接触到许多新奇的事物与形式,因此,人们也就更容易对一件事物失去兴趣。因此,文创产品的开发者需要持续对文创产品进行创意升级,不断提供新奇、有趣、有内涵的文创产品,以满足消费者不断增长的精神需求。而荆楚文化深厚的历史感可以提供源源不断的灵感源泉。此外,还可以在电影、电视、短视频等之中切入文创产品,包含历史感的荆楚文创产品可以将自身的历史性与故事性一同带入其中,或是让文创产品带入电影或电视剧的故事情节之中,通过这种方式以丰富夜间经济的活动内容。另外,不管是在假日经济,还是在夜间经济之中,在主题性的活动中,可以以现实加虚拟的方式展示文创理念,进行相应产品的展示,如此一来,其主题活动可以将高科技、文化、创意、消费、互动等元素有机地融合在一起,其内容与形式具有丰富性,加之也具有文化的深刻性,可以满足不同人群的需求。

七、文创产品设计关键词聚焦到女性、上班族、年轻化、个性化

如今,文创产品的主要消费人群,就性别来看,主要为**女性群体**;从职业角度来看,主要为上班族人群;从年龄结构来说,年轻人购买文创产品的积极性更大;就选购的文创产品的种类来看,个性化的文创产品更受消费者欢迎与认可。

女性群体对文创产品有着更高的喜爱程度,可能部分源于女性群体的购买欲,她们通常会对一些新奇、有趣并且外观出众的产品产生兴趣。女性通常都是购物的先行者,她们总会尝试一些新鲜、有创意的产品,其天生具有的审美意识,让她们对于美有自己独到的见解。相比于男性,

女性的消费意识与消费能力比较突出，是消费的主力军之一，因此，文创产品开发者可以有意识地针对女性群体进行文创产品的开发设计，更多地关注女性的消费习惯、消费喜好、消费心理变化趋势等一系列相关问题。开发者针对女性群体，以女性群体为主，但并不是一味地将只考虑女性群体的需求，而是也要将其他人群考虑进来。

上班族群体可以接触到大量最新的信息，对社会动态有着最直接的感触，在与人交往沟通的过程中，更容易认可最新的消费理念，并且同一款消费产品在上班族群体中进行扩散与传播的速度也更快。相比于其他群体，上班族对于文创产品有着更大的需求，不管是让自己显得有品味、有个人魅力，还是要在他人心目中树立一个有文化修养的人，文创产品可以带给人更多无形的价值与影响，除了自身在把玩或使用文创产品的过程中，可以受到其中文化或历史内涵的熏陶，同时它也可以成为使用者性格、喜好、审美的一部分，或是成为人格化的一个符号。

在文创产品的消费群体中，年轻人群体最具有消费活力，同时也是文创产品消费的最有力的消费人群。年轻人容易接受新鲜事物，敢于尝试新鲜事物，对新生事物充满好奇心，同时，消费意识也更为超前。文创产品开发者应当将精力更多地投入到年轻人身上。年轻人一直都走在时尚与时髦的最前沿，他们与新时代贴合得最近，对于时代的发展最为敏感，并且可以及时做出反应。文创产品的开发者想要迎合年轻人需求，同样也需要紧跟时代的脉搏，把握时代动向，设计思维要随时处于活跃状态，要将荆楚文创产品的文化属性、造物智慧的设计理念、时代要素、年轻人的需求与喜好等因素有机地结合在一起，并且最终所形成的产品效果也要自然与协调。

个性化，可以说是文创产品最基本要呈现的内容，因创意本身就具有自己的设计与思维，自然也就体现出自己的内涵与独特性。人们已经不满足于越来越同质化的产品设计，这当然包括对文化元素的简单复制与使用，人们希望看到不一样的东西，希望可以看到文创产品的多层次的内涵，同时这种内涵也契合消费者的内心需求。虽然是个性化，但荆楚文创产品应当尽可能地满足更大范围的人群的个性化需求，如果不能在实质上满足大部分消费者的个性化需求，则可以针对单独的个体，进行定制化的设计，这并不排除其他消费者也可以接受这种定制化的文创产品。

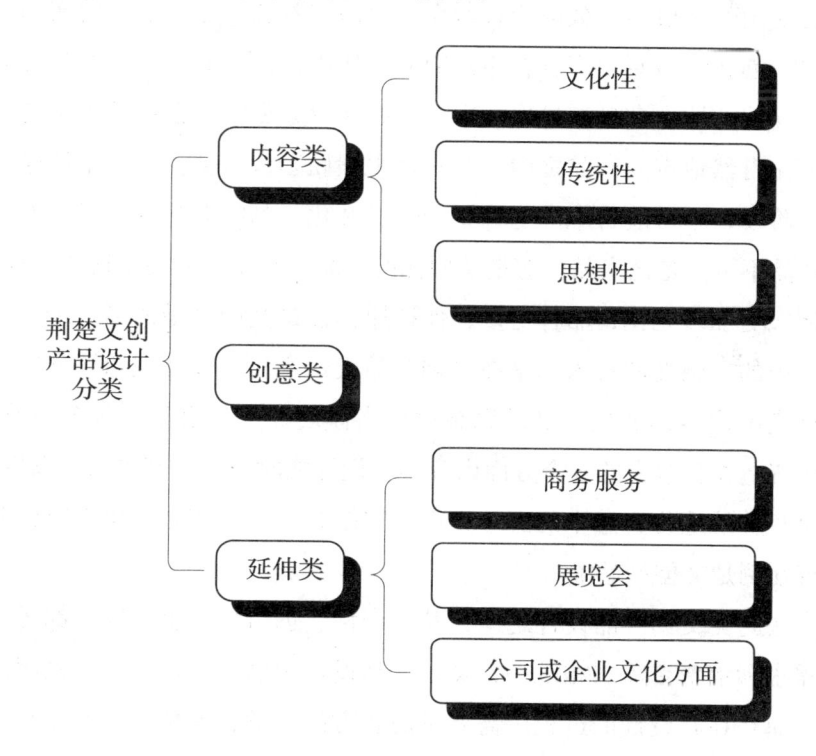

第二节　荆楚文创产品设计分类

荆楚文创产品设计分类如图 4-2 所示。

```
                    ┌── 内容类 ──┬── 文化性
                    │            ├── 传统性
                    │            └── 思想性
荆楚文创产品设计分类 ├── 创意类
                    │
                    └── 延伸类 ──┬── 商务服务
                                 ├── 展览会
                                 └── 公司或企业文化方面
```

图 4-2　荆楚文创产品设计分类示意图

一、内容类文创产品设计

内容类的荆楚文创产品主要特点是其文化性、传统性、思想性，其中包含了对荆楚文化的研究与创新、荆楚文化与当下流行文化的融合创新。内容类的文创产品在设计之时已经将产品的内容作为侧重点，注重其原创性，先前未曾有过的创意设计，或是在一些已经存在的文创产品中汲取灵感后，加以改进，形成自己的文创产品设计理念与风格，可以说文创产品的原创性是其贯穿始终所追求的理念。若文创产品没有其原创性，只是单纯地将他人的内容、元素、传统文化中的灵感直接"拿来"进行使用，则很容易被消费者所识破，消费者更不会为这样的文创产品买单。创新性与原创性有着相互响应的作用，由于有了文创产品的原创性，其创新性也会自然显现出来，只有保持原创性与创新性才可能将荆楚文化自然地带入产品之中，若只是生搬硬套，只会让产品单纯停留在低级阶段，不可能将产品上升到个性、文化、品味兼具的高级层面。文创产品不可能是艺术品，应是实用性的产品，只是在时代变迁的要求下，其形式更加多元化，品种更多，保持原创性是其中关键的第一步。而设计之中的思想性的融入，是在文创产品设计之初，设计理念部分应当予以确定的内容，文创产品的思想性应当体现在产品设计的各个环节中。而传统造物智慧中的五个方面内容，在设计之时可以择其一点一以贯之。或是将传统造物智慧中的五个方面内容融合为一个整体，集中或分散地体现在荆楚文创产品中。

在此类文创产品设计之中，其原创性、创新性、思想性，都要与市场需求和消费者需求相统一，文创产品设计中的工匠精神并不是闭门造车，而是在其设计的过程中需要考虑各方的利益，荆楚文创产品是要以商品的形式呈现在消费者面前，得到消费者的认可与接受是文创产品开发者必须要重点关注的一个方面。

荆楚文创产品在进行内容设计之时，开发者必须对荆楚文化有更深的理解与认知，当然荆楚文化也不可简单照搬，应对其进行提炼与加工，让其满足现代人的理解与审美视角，同时也应与当代文化尝试进行融合与交流，统一到最终的产品设计效果中。荆楚文化的时间阶段性较强，开发者可以将荆楚文化按历史发展的先后顺序，将文创产品开发为系列形式，这样可以让消费者在有所期待的同时，还可体验到不确定的惊喜。

二、创意类文创产品设计

创意类的荆楚文创产品设计主要是通过创意对荆楚文化进行转移，通过另一种形式对文化进行呈现，通过具体的设计创意理念将内容类文化产品转移到文创产品中去，或是将传统文化与当代文化融合之后，再移植到文创产品中去。荆楚文化想要在文创产品中体现出其元素，通常通过创意的方式提取荆楚文化的元素，转化为文创产品设计语言，融入产品之中。从信息的角度来看，传统造物智慧与荆楚文化都是一种信息，而荆楚文创产品可以看作信息的载体，创意可以看作是能将信息进行转换的工具，荆楚文化通过创意的工具转化成适宜荆楚文创产品承载的信息。

创意类的文创产品设计具有自身独特的文化属性，其最大的特点也正是其创意性。创意是对旧有传统的打破，对固有观念的一种颠覆，不按常规做事，在现有的基础上发展出新的思想、新的形式、新的内容。另外，创意也是对现有知识、系统、理念、体系、理论充分理解与认知的基础上，产生出新颖的、创造性的想法。

在进行创意类的文创产品设计时，应当在各个环节都力求有新的想法、新的创意点，不按传统的方式行事。在每个细节都寻求突破，进行新的尝试，才有可能创造一些新的事物，产生新的效果。从楚文化中，如屈原、老子、庄子等先贤大家，可以创作出多个鲜活的、具体的IP人物形象，让大众更易于了解楚文化，同时还可以将其文学故事与IP结合，设计出众多的周边产品。《楚辞》的经典之作《离骚》《九歌》除了剧目的形式，也可尝试通过数字文创的形式进行展现和传播。而名山大川、古寺楼台，可以提取其中典型的符号化元素，与产品有机地进行结合，以形态为基础，与产品的功能进行匹配，同时，也可通过复杂化的手法，使简单的符号元素丰富多彩地展现出来，让受众在欣赏文创产品时，可以感受到在具象的画面中又有视觉感丰富的设计元素。荆楚文创产品的设计者可以罗列出设计过程的几种可能的设计思路，或不同方式的有效组织形式，而后再将设计思路进行随机的排列组合，多尝试一些先前没有执行过的动作，从中选择出最贴合设计理念的组合，但同时也应当把此时不合时宜的组合保留下来，留作之后备用。

三、延伸类文创产品设计

延伸类的荆楚文创产品包含商务服务、展览会、公司或企业文化方面等，其可以提供体验文化的非物质性的服务以及过程。这类文化创意产品可以满足消费者精神方面的需求。

延伸类的荆楚文创产品更贴近于实际应用场景，可以为具体的场景或活动进行服务，相对于消费者个人使用或欣赏文创产品来说，商务服务、展览会、公司或企业文化等方面的应用场景，拥有更大的宣传面与推广范围，可以在一次展示或活动期间影响到更多的群体。在这些场景中，文创产品所发挥出的作用更倾向于人对文创产品的体验，以及文创产品所营造出的氛围效果。荆楚文创产品在这其中，可以通过自身文化属性与造物智慧理念来让观赏者感受到文化的魅力与传统造物精神的力量。在这里荆楚文创产品依然是一个文创与智慧的载体，其传递出的信息与理念可以通过开发者的设计技巧及设计方式展现在欣赏者面前。

荆楚文创产品的开发者所需要考虑的是如何为满足商务服务或展览会等此类活动，而将这些设计中所涉及的元素融合进文创产品之中。在这些场景之中应用荆楚文创产品，并不是生硬地将产品直接加入，或是置于某个位置或是环节中，而是要在充分理解这些场景所举办的活动的主旨、内容、目的等相关信息的基础上，将文创产品自然而合理地融入。

延伸类文创产品设计的思路，是根据需求方对文创产品的使用意图来进行设计，一切设计的目的是让文创产品完美而自然地融入具体的项目或活动中。文创产品是这些项目或活动的辅助者，文创产品可以在其中起到增光添彩的作用，而开发者不应设计出喧宾夺主的文创产品。

对于延伸类的荆楚文创产品，还可以延伸到电影、电视剧、动漫、游戏等文化娱乐产业中，或是延伸到餐饮、住宿、交通等诸多方面，人们日常生活、学习、工作中许多方面都可以融入文创产品。或通过实物产品的形式进行展示，或通过图像形式进行展示，或通过声音、影像等方式，文创产品不应只局限于一种固有的形式。

不管如何进行分类，开发者在设计时，文创产品首先是一个产品，可能提供给市场进行销售，可以给予消费者相关的体验。其次，是文创产品的形式，其中包括品质、特征、式样、商标以及包装等，这一方面要达到消费者的审美要求，并获得感观上的享受。最后，文创产品设计中最为重要的一点，是其文化属性，这一属性可以唤起久远的记忆或是代表一种精神层面的文化身份的归属感与认同感。

第三节 荆楚文创产品设计特征

荆楚文创产品设计特征可以从四个方面来进行分析,如图 4-3 所示。

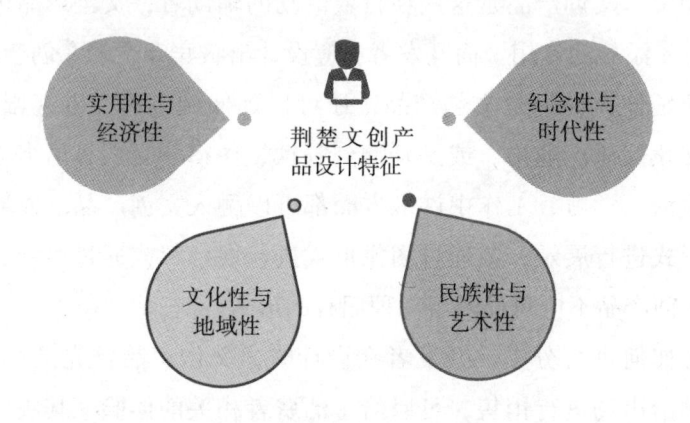

图 4-3 荆楚文创产品设计特征示意图

一、实用性与经济性

荆楚文创产品所具有的实用性与经济性是其最基本的特性,荆楚文创产品作为商品,首先要保证其在功能上的实用性,在此基础上再加入经济性的考量。

(一)荆楚文创产品设计中的实用性

荆楚文创产品首先是供人使用的商品,其在功能上的实用性,决定了其基本属性。实用性不只包括人们对其进行通常意义上的使用,此外,因荆楚文创产品本身所具有的特殊性,其所产生的效果以及在人们心中产生的影响,都可归于文创产品的实用性范畴。文创产品的各种设计元素，每个设计理念都可以通过文创产品传递给消费者。荆楚文创产品都是为消费者服务，满足消费者物质以及精神方面的需求。荆楚文创产品对于消费者来说，不只体现在使用层面，同时也体现在审美层面与精神层面，包括可见与不可见两部分。

（二）荆楚文创产品设计中的经济性

荆楚文创产品在保证其实用性的基础上，还注重其本身自有的经济性，也就是成本控制，"物美"且"价廉"，几乎适用于所有产品，荆楚文创产品最终都是推向市场，与消费者见面。因此，如何在保证其荆楚文创产品实用性的同时也可以有效地控制成本，利用价值工程理论解决产品和经济的关系，是文创产品开发者需要解决的主要问题。

有时，经济性还可以帮助文创产品的开发者能够在有限的资源与能力的范围内最大限度发挥创造性与创新能力。在经济性的限制下，开发者可能会考虑将过多的设计元素进行重新筛选，选出最优元素。或是将复杂的设计环节进行简化，以减少设计环节成本，进而降低文创产品的生产成本。

二、文化性与地域性

（一）荆楚文化产品设计中的文化性

荆楚文创产品设计的文化性意指知识与信息、历史与传承、能力与学习三位一体的综合体现，文化性包含着丰富的内容，其并不是简单的知识的罗列与堆叠，也并不是信息的填充，它是一种兼具知识与信息的特点与属性，有其自有的历史内涵与历史传承性，文化性还可体现出一种能力，它还是一种不断学习，不断完善，不断进取的一种特性。可以将文创产品的文化性看作一种有着持续动态表现的内容，而荆楚文创产品所要表现出的这种特性也应当能够传递给受众一种动态化的感知，让受众在欣赏一件文创产品之时，可以感受到一件产品中信息、文化，甚至是情感是流动不绝的，也可以将文创产品的这种文化性称作生命力。假若荆楚文创产品的开发者可以让消费者感受到所设计的产品具有某种生命力，而不只是单单的一件静态不动的产品，消费者也会感受到文创产品中所包含的情感元素与生命活力，同时也很可能因此而被这件文创产品打动。

文创产品的文化性中更要强调具有社会价值的文化。文创产品中的文化性必须与社会实际发生联系，与主流的社会价值取向相呼应。荆楚文化中的传统部分有着深厚的历史内涵与文化底蕴，但其要在文创产品中进行体现，需要与现代社会价值相结合，反映社会主流价值观。而将传统造物智慧融入文创产品中时，也要考虑传统造物理念与现代产品设计理念的融合。适应时代发展的需求是为了让这个时代的消费者更容易理解产品所表达的思想与理念，文创产品借助这个消费者容易接受的切入点，开发者再进一步展示产品更为丰富的内涵与特点。

文化应当是知识、历史、能力、价值综合而成的结晶。文创产品的开发者如何理解文化与历史遗产，理解当代科技与创新，如何有效地解决自然、城市与人的问题，也是文创产品设计中的文化性。由于文化包含着丰富的内涵，不能从一个方面进行片面的阐释，因此，文创产品开发者在理解文化性时，应当从多个层次、多个视角来认识。另一方面，在进行文创产品设计时，也要尽可能地将文化性充分地展现在产品之中。在进行产品设计时，不可只取文化的形，应当更加关注文化性中的内在精神。当开发者充分理解了文化性所涵盖的内容时，自然也就能够抓住文化性的实质与精髓。

（二）荆楚文创产品设计中的地域性

荆楚文创产品设计中想要体现出地域性，需要开发者对荆楚地域文化进行深挖，并且对荆楚文化还要有更深入且全面的理解，从中找出与众不同的物质，找出具有明显辨识度的文化内容。文创产品中的创意性主要由这些具有辨识度的地域文化内容所体现。与此同时，开发者要将地域文化与时代特色相结合，突出地域文化的优势。文创产品的开发者应当及时把握时代脉搏，随时了解行业与市场动态，以便更好地把握文创产品设计的方向与理念。

荆楚文创产品的地域性，还可以通过以形造势的手法来营造产品表达的效果，开发者利用产品形态创造一种情感氛围和信息表达的环境感，或通过文字，或通过图形，或通过各个元素组合而成的意象。开发者利用以形造势的手法可以给消费者更多的想象空间，以形造势可以给人带来一种流动性的视觉和感受效果，可以引导消费者随其想象力，营造出逐渐变化的形式。

除以上所介绍的内容之外，荆楚文创产品设计中的文化性与地域性有诸多相互交联的部分，一个地域之中所包含的文化都具有其不可替代的独特性，地域环境可以影响人们对于自然和事物的认知，在这种认知的影响下，最终呈现在当地的文化中。

三、民族性与艺术性

荆楚文创产品设计中的民族性与艺术性有着紧密的联结，民族性包含民族独有的艺术性与艺术表现方式，而艺术性中也蕴藏着民族性的内涵与实质，两种特性相辅相成，相互交融。

（一）荆楚文创产品设计中的民族性

民族性的基础是文化认同，同时，它也是一种语言、文字、历史的共同认同感。荆楚文创产品本身就体现着一种民族性，荆楚地域在历史上就有着深固难徙的爱国精神，在这种爱国之情的影响下，其民族性体现得尤为坚实，不管是在楚国的历史文化，还是在现代革命文化中，都可以明显地体现出。

（二）荆楚文创产品设计中的艺术性

艺术性指人们反映社会生活、社会事物以及表达思想情感时所体现出的美好表现程度。艺术性是在艺术处理与艺术表现的过程中可以呈现出的完美程度，其中包括了诸多方面的内容：艺术结构的严谨性与完整性；艺术形象的典型性与具体性；艺术情节的曲折性与生动性；艺术手法的多样性与精当性；艺术语言的鲜明性与准确性；艺术表现的独创性与民族性。艺术性也是人们对于事物评判的一种标准，这是一种得到认同的人为形成的标准，这种标准会随着时代的发展，人们思想观念的变化而发生变化，但其有自己的体系与逻辑。

开发者在进行荆楚文创产品设计时，在艺术结构方面，要保证其严谨性与完整性，要在文创产品设计的关键理念中，保证在艺术结构方面的严谨与完整，各个产品设计的元素之间要协调在同一个逻辑下。例如，文创产品中的布局、色彩、线条、符号等设计元素之间需进行合理搭配，每个要素所体现出的风格与主题都应相互衔接与映衬。

在艺术形象方面，开发者要保证其典型性与具体性，典型性与民族性有着密切的关联，民族性具有自身独有的特征与性质，在进行荆楚文创产品设计的过程中，开发者应当充分利用荆楚地区所具有的民族性来展现其艺术的典型性。文创产品的艺术性表现不应过于抽象，应当有一定程度的具体性作为支撑，以便于受众可以较为容易地理解文创产品所表达的内容与思想情感。在表达具体性的过程中，开发者还应运用艺术性的表现手法，不可过于直接和表面化，其中需要开发者把握准设计的方向。

在艺术情节方面，开发者要保证其曲折性与生动性，可使用系列化文创产品的形式，将艺术情节通过串联的方式展现。虽然从表面上看来，文创产品给人以静态的展示，但通过开发者的设计技巧，可以展示动态的文化故事情节，或是通过给予欣赏者以情节引子，引导其通过联想来补充情节内容，达到故事情节在脑海中的动态再现。当然，这需要文创产品开发者规划好情节的布局与设计,如何通过有限的画面来带领欣赏者自我完善故事情节。

在艺术手法方面,开发者要保证其多样性与精当性,开发者应当充分利用丰富的艺术手法来表现文创产品的内容与情感。纵观楚文化艺术品的表现力,有其自身独特的记忆,浓重、深厚、独特,其创作形式经历了从具象到抽象的过程,创作题材丰富,创新手法突出,线条有张力。因此,楚文化文创产品应该延续楚文化艺术创作的创新精神,不断设计创造新的表达形式。其中一个方向是文创产品应尽可能展示出丰富的内容信息,不管是在色彩、线条、光线效果,还是在布局、对比度方面,都要尽可能呈现更多信息,以满足消费者对视觉与内容的需求。与此同时,文创产品在内容层次方面也要尽可能地丰富,可以将浅层效果、中层效果、深层效果糅合在一起。每一层次的内容可以满足不同层次消费者的需求,如浅层效果可以满足热衷视觉效果或是低龄阶段的消费群体;又如深层效果可以满足追求文化性与历史感的消费群体。当然,能够让荆楚文创产品设计达到这一多样性与多层次的效果,需要开发者精心地设计安排,对艺术表现手法有较深的掌握与运用的能力。想要完美地呈现荆楚文创产品的多样性以及多层次的效果,需要开发者在使用艺术手法时,充分地理解楚文化的具体内容、艺术形式、文化内涵,同时还要分析不同群体的喜好和需求、消费习惯、消费心理等多方面情况,确保能针对不同群体,设计符合群体要求的产品。

在艺术语言方面,开发者要保证其鲜明性与准确性。文创产品在进行设计时,都有一套自身的艺术语言体系,在进行效果呈现时,要保证文创产品鲜明而又准确地呈现出来。文创产品的主题要立意鲜明,并且可以准确地传递给受众群体。

在艺术表现方面,开发者应当保证其独创性与民族性。荆楚文创产品最为关注的应是其独创性,而独创性也源于文化的地域性与民族性,荆楚文化中可以为开发者提供丰富的设计灵感,荆楚文化本身就具有鲜明的独特性，对其进行深挖，将传统造物智慧的设计理念融入其中，可以更加充分地展示文创产品的独创性。

综合以上各个方面，文创产品艺术性的表现最终都需要通过文创产品的色彩、线条、光线效果、布局、对比度等要素。并且将各个要素有机地协调在一个设计理念之下，通过要素的不断变化来表现出文创产品整体效果。

四、纪念性与时代性

荆楚文创产品设计中的纪念性与时代性是在时间观念上所表现出的特性，纪念性侧重于对过去时间的回忆，而时代性是对当下社会主旋律的集中体现。

（一）荆楚文创产品设计中的纪念性

荆楚文创产品设计之中体现的纪念性是可以引发人联想与回忆的物质性或抽象性的事物，其中包含文创产品的文化性、地域性、民族性、艺术性、时代性等，它是对过往时光的一种留存。具有纪念性的文创产品可以让人产生将其珍藏的想法。相当程度的消费者主要会因文创产品的纪念性而选择购买。当荆楚文创产品呈现出其文化性、地域性、民族性等内容时，就已浓缩了自身的特质。文创产品的纪念性对于其后期自身的宣传、推广、销售来说，都是其最具竞争力的一个表现方面。

（二）荆楚文创产品设计中的时代性

荆楚文创产品设计之中的时代性是对所处时代以及现实社会的一种真实反映，同时也是对现实世界认可程度的一种态度，其中所含现实世界的发展情况、社会的运行规律、人与人的生活方式、人的观念思想等方面。时代性是当下世界、社会、环境以及人所处现实的状态。时代性与人们现今所经历的生活最为贴近，人们对于这种产品之中所表现出的时代性最为熟悉，也更容易靠近具有时代感的事物。

虽然，相比于其他特性，人们对文创产品中所表现出的时代性更有亲切感，但对于荆楚文创产品的开发者来说，这种时代性也需要对当今时代有准确的把握，对当下最具代表性的符号、印记、事件、人物、主流资讯等方面，应该有一个最凝练的提取。而后再将这些元素与文创产品相结合，对于开发者来说，最具挑战性的一点是，如何通过有效的设计手法，将荆楚文创产品的荆楚文化与传统造物智慧的部分与当下的时代性完美地进行整合。表面上看，传统文化和传统造物智慧中体现的内容与时代性所展现的内容存在一定的矛盾，但究其本质，可以看出，传统与现代只是不同时期自然环境与人文环境所表现出的差异性，它们只是在时间上的积累与次序的存在不同。如果将传统与现代看作一个人的成长历程，兴许更容易理解此二者之间的关系，同时，仿照这个逻辑来看，荆楚文创产品的受众也更容易感受其所表达的理念与内涵。

此外，荆楚文创产品的时代性中也包含相当程度的创造力，这是开发者对现实世界、现实社会及人文样态进行的提炼与创造。如何将现实生活中的大世界缩放到荆楚文创产品中的小世界中，需要开发者通过艺术表现的手法，将现实世界中的关键因素进行提取、加工后再嵌合到文创产品之中。

荆楚文创产品的时代性还可以融合到产品设计的最外层效果中，由于时代性与消费者最具有亲切感，最容易抓住消费者的眼球，并由此将消费者引入文创产品表达的深层效果中。

通过以上四个方面特征的介绍，可以感受到所介绍的八个特征，彼此之间都有关联，相互作用、相互影响，构成一个系统的整体。实用性侧重于功能层面；经济性侧重于成本层面；文化性、地域性、民族性侧重于本质层面；艺术性侧重于审美表现；纪念性与时代性侧重于环境与趋势层面。从另一个角度来看，可以将这些产品设计特征看作在不同层面的设计原则,在这些原则的统领下,所有细碎或较完整的设计元素可以聚合在同一个文创产品之中。

第四节 荆楚文创产品设计要素

荆楚文创产品设计要素主要包含三个方面:文化要素、形式要素、功能要素,如图4-4所示。

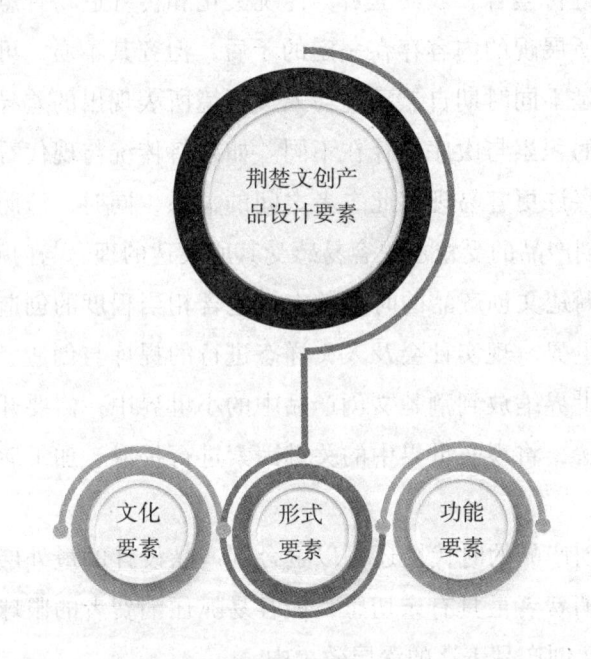

图4-4 荆楚文创产品设计要素示意图

其中文化要素是荆楚文创产品设计中的精神内涵,形式要素是设计中的外在表现形式,而功能要素是文创产品所体现出的实用价值。下文将就这三个方面来展开阐释。

一、文化要素

在文化中包含三个方面内容：文化符号、文化特征、文化内涵，如图 4-5 所示。

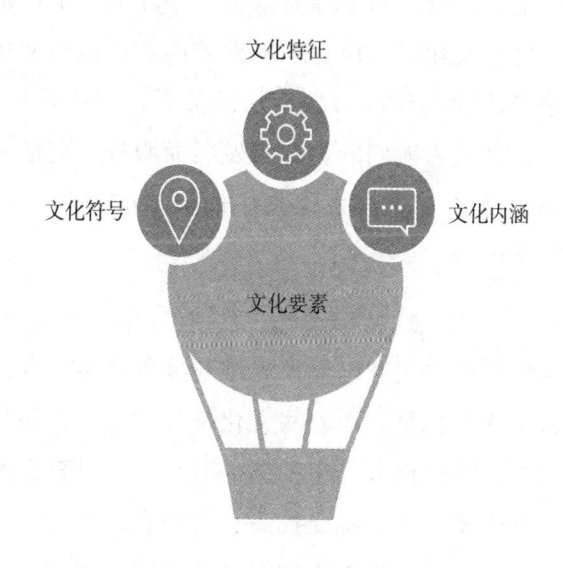

图 4-5　文化要素示意图

（一）文化符号

文化符号是具有某种特殊内涵或特殊意义的标示，其具有很强的抽象性，可以包含丰富的内涵。文化符号是文化内涵的重要载体和形式。文化符号是对文化的一种高度浓缩。文化大多数情况下是以文化符号的形式出现，文化符号代表着大部分文化的内涵与实质，但有时也许不能展示出文化的全部内容，可以将文化符号看作是文化的典型代表，文化符号将文化的主要内容展示出来，也就可以完成其自身的价值。文化符号是文化最外在的表现形式，在荆楚文创产品中，消费者可以直接感受到荆楚文化的符号，其沟通连接着消费者与荆楚文化。

（二）文化特征

文化特征包含三部分内容：生存结构、思维方式、无限拓展性。

1. 生存结构

所谓的生存结构，指人的生存需求、生存环境、生存条件之间所形成的组合关系，这是文化之所以存在的首要因素。包括文化在内，与人类相关的诸多事物大多与生存有着密切的关系，相比较其他事项来说，生存排在第一位，文化为人们的生存与发展而服务。荆楚文创产品中的文化部分，包含着人类在生存发展之中所形成的精神、内涵、力量与智慧。

2. 思维方式

文化符号可为各种文化带来具象思维与抽象思维，有的文化符号可以较准确地传递文化的信息，而有些文化符号或者说大部分文化符号是文化的抽象化内容，可以让人产生抽象的联想。通过直观地感受具象化的内容，以及通过想象与联想感受抽象化的内容，人们的这两种感知方式形成了不同的思维方式，进而人们对其他事物的理解与认知，都会从思维方式开始产生差异，人们所理解的世界呈现出丰富多彩的样貌。

3. 无限拓展性

表面上看，文化有拓展性，由于文化是人为定义，并且是人为营造的产物，因此，随着时代的发展，人们的生活环境、生活方式、生活条件都发生着变化。与之相对应地，人类世界的文化也在不断更新。在原有的文化之中，不断有新的文化元素融入其中，同时也不断有旧的、过时的文化元素被淘汰。文化所涉及的范畴可以不断拓展。

（三）文化内涵

荆楚文化的内涵，是在荆楚这一地区内生存的民族与人们在特定的历史时期所创造出的文化。是在特定的政治、经济、人文、习俗等环境中所凝结的文化成果。文化的内涵包含各个时期的道德伦理、规章制度、民族风俗等一系列文化成果。文化是一种物质财富，同时也是一种精神财富，其也是人类长期以来所积累下的文化遗产。

二、形式要素

荆楚文创产品设计中所包含的形式要素极为丰富，其中包括视觉、触觉、造型、纹饰、材质、线条、色彩、器具、书画、建筑、服饰等。这些荆楚文创产品设计中的形式要素都要服务于产品设计的理念，传递文创产品的情感。将荆楚文化的美学价值、传统造物智慧与现代造物理念相结合，将文化、智慧、美学通过外在物质化的形式进行呈现，表达荆楚文创产品之美。

例如，在荆楚文创产品设计中展示炎帝神农遍尝百草的文化元素，可以通过视觉、触觉、造型、纹饰、线条、色彩等元素进行展现。在视觉表达上，可以趋向于人物具象化传递出故事的真实情节与内容。另外，也可以利用漫画的表达方式拉近人物与消费者间的关系，这要结合荆楚文创产品所针对的人群来进行设计，符合消费人群的审美需求。而在触觉上，可以选用镂空或浮雕的呈现手法，在视觉传达的基础上，增加触摸的真实感，增强产品的真实体验，如在百草元素或神农人物的服饰上通过镂空或浮雕的手法呈现。在造型设计上力求简练与直接，因所选取的神农文化元素本身已具有厚重的文化沉淀，通过简练而直接的造型表达，让厚重的文化凝结在浓缩的造型之中，所呈现出的艺术表现张力可以为视觉效果蓄积最大的能量。文创产品设计中色彩的使用，主色不宜过于丰富，但可在一些小的局部提高色彩丰富度，而在主体或是核心画面要呈现文化与力量。

总之，荆楚文创产品设计中的形式要素要满足设计理念、目标消费人群、产品呈现效果的需要等方面。形式要素是一种工具，也是设计的手法，如何充分发挥各形式要素的作用，如何将各个要素和谐地统一到一件文创产品中，是荆楚文创产品开发者需要解决的主要问题。

三、功能要素

荆楚文创产品设计要素中的功能要素包含四个方面，如图 4-6 所示。

教育功能

实用功能　　　　　功能要素　　　　　娱乐功能

审美功能

图 4-6　荆楚文创产品设计要素中的功能要素示意图

（一）教育功能

文化具有的传承属性，通过教育的功能可以让荆楚文创产品的受众感受到其中的文化与智慧，所产生的影响会传递给一代又一代人。在进行产品设计时，文化、智慧、审美等方面内容会通过受众欣赏产品的过程，无形地进行传递。

1. 促进个体发展，促进个体的社会化和个性化

荆楚文创产品最基本的属性是商品，可以满足消费者各种物质与精神上的需求，除此之外，文创产品在设计之时所融入的教育功能可以让消费者个体在精神层面得到提升与发展。荆楚文化中所包含的社会化元素，使消费者感受到历史中文化的样貌、社会的形成与发展状况、个人

的成长起伏等,消费者在这些方面感受更多,所产生的影响与理解也会更深刻。另外,荆楚文创和造物智慧所带给文创产品的内涵又极富个性化色彩,其独特的文化积淀与精神内涵对于消费者个人素质的提升也起到关键性的作用。

2. 荆楚文创产品设计中教育的社会功能为国家和社会培养人才

通过上文可以看出,荆楚文创产品设计中的文化与智慧元素可以促进个人自身的发展,而进一步所产生的影响是个人的发展与进步有助于国家和社会政治和经济的发展。国家和社会都是由一个个独立的人所构成,其发展和进步与每个个体的素质与能力息息相关。国家和社会的发展离不开人才的培养与成长。荆楚文创产品可以影响一个人对文化、智慧、审美等诸多方面的感知与理解,对个体的全方位发展起到促进作用。个人的成长与发展受到诸多方面的影响,荆楚文创产品能够在文化、知识、审美、智慧等方面给个人提供一定的启发,或是由此而激发个人对荆楚文化、中国传统文化、造物智慧等产生兴趣,以帮助个人得以全方位地发展,这也是国家和社会人才培养的关键内容。

(二)实用功能

文化的实用功能是服务于国家政治和经济的发展,服务于社会的可持续发展,服务于人们日常工作、生活、学习的需要。人类创造的一切成果,其最终目的都要为人类生存与发展所服务。文化的实用功能可以体现在人类生活的方方面面,不仅是在物质方面,在精神方面同样也可体现文化的实用功能。文化的实用功能还可体现在其凝聚着人类历史文明发展的智慧,从人类有文明以来,文化作为人类历史、文明、智慧的精华,代代传承并保存着人类文明的火种,并将其传承至今。文化将人类团结在同一个认同之下,人们由此可以拥有更大的力量,可以实现更多的可能性。

荆楚文创产品设计的实用功能是文创产品设计中的重要组成部分,

文创产品只有应用到现实生活的场景中,才能最大化地发挥产品价值。同时,荆楚文创产品通过其实用功能,可以让消费者具体地感受荆楚文化的魅力,进而有效地传播荆楚文化。

荆楚文创产品设计是对荆楚文化的扩大传播,能够更好地体现地域文化特色。从荆楚文化特点出发,提取相应文化元素的特征造型符号,结合文创产品设计的主题,运用符号学、构成学的知识,将其与现实实用产品进行融合性设计,并结合消费者的审美需求,针对游客的特点,提高设计的针对性,可以做到让消费者从"逛"景点转换到"品"文化的方式转变,以创新的方式传播当地文化。

(三)审美功能

文化是人类文明与智慧的结晶,其中包含着人们对美的认知和审美的评判标准。通过对文化的理解与认知,可以培养人们的审美水平。通过文化锻炼出的审美能力,可以用来审视一切事物。文化所提供的是一种具象与抽象兼有的审美理念,从直观感受到想象与联想都可以给人带来一种美的享受。

荆楚文创产品设计的审美功能需要通过文创产品的活化进行呈现,传播荆楚文化的美学印记。在原有的荆楚文化中提取美学符号,并与现代产品的审美旨趣相结合,运用现代技术将现代与传统进行有机结合。前期需要针对消费者的审美志趣以及真实的体验感受进行较全面的调研,并将数据进行整理汇总,筛选出最主要的几个方面。围绕这几个点,从荆楚文化中提取相应的审美元素或符号,既可以传达荆楚文化的厚重与内涵,同时又可以体现具有现代设计的新形式、新思维。

传统与现代的结合是其中的重点,如何通过现代设计理念更好地将传统审美元素进行呈现,是设计者需要主要关注的问题。现代的设计思路和理念作为工具,荆楚文化的内涵与审美价值是重点内容,只有将荆楚文化中的审美元素有针对性地筛选出,加之适宜的现代设计理念进行呈现，才能真正发挥出应有的审美功能。

  消费者可能会因为荆楚文创产品的审美因素而对其产生消费欲望，因而荆楚文创产品的开发者应当首要满足消费者对文化的审美倾向。通常来说，消费者在进行荆楚文创产品的审美过程中，一般是通过对产品中所包含的荆楚文化符号特征或传统造物智慧的符号特征来实现其价值判断。而通常这种符号是超越物体本身的物性特征，而是更多地与文创产品的视觉设计元素与产品的品牌形象相关联。因此，如何将荆楚文化和传统造物智慧中的关键元素进行提炼，以符号化的方式呈现在文创产品之中，并且同时还要符合文创产品的视觉化表达，是产品开发者需要关注的重点。符号是一种浓缩的形式，是文化、历史、智慧、审美等元素的综合浓缩，而符号在产品效果呈现时，可能已经包含大量信息与内容，而消费者在欣赏文创产品时，对于产品的易理解性以及对其审美层次的认可度需要开发者尤为关注。自然地，这其间会产生一种矛盾，文创产品的符号既要涵盖较为深厚的文化属性，同时还要保证其易于消费者理解，这中间需要开发者找到一个适合的切入点，把握好符号设计手法的尺度。

  消费者对荆楚文创产品的审美过程，其实质是一种自我的实现过程。消费者之所以认可一件文创产品的审美设计，大多情况下，是由于在这件文创产品之中，消费者发现了自我，看到了自己身上的某个响应的点，消费者与文创产品之间产生了共鸣。消费者如果在荆楚文创产品中重新发现了自我，或是重新认识了自己，这不仅对于消费者来说是一种质的成长，同时对于文创产品来说，也是一次成功的设计。人们更多的时候，很难清楚地认识自己，对于自己的成长的感知也通常较浅。荆楚文创产品以符号的形式构建着自身独特的文化方向与价值认同，而荆楚文创产品的文化与价值认同一旦形成，消费行为自然也会产生。开发者需要做的是，一方面深入挖掘荆楚文化的内涵与符号的提取，如何可以将最具代表性的文化元素凝结在符号之中；另一方面，开发者需要考虑如何将荆楚文创产品的符号与消费者之间建立有效的且兼具情感化的连接。

（四）娱乐功能

文化除了以上三种功能外，还具有娱乐功能，在中国历史上，休闲娱乐活动中存在着文化现象。文化的娱乐功能是在文化的休闲娱乐活动中可以让人感受到愉悦。荆楚文创产品应当抓住设计中的娱乐功能，文创产品的受众在开始接触产品时，需要产品体现出的娱乐性来吸引其注意力，同时，激发其继续探索的兴趣。文化本身并不一定是严肃的事物，它在一定程度具有趣味性与鲜活的生活气息。

文化除了有导向和凝聚的功能外，另一个功能就是娱乐功能，因此，也可以看出，娱乐功能在文化之中所占的位置。中国传统文化将五千年各个民族、各个地区悠久灿烂的文化凝聚在一起，指引着国家和社会的向前发展，同时也影响着个人的成长与进步。但现代社会，文化的娱乐性越来越受到人们的青睐。文化本身已经融入太多严肃而又认真的内容，需要更多的娱乐属性来进行平衡。再加之，现代社会发展速度越来越快，人们的生活节奏也越来越追求效率，人们没有更多的时间和精力来消化更多文化的严肃与真实。但也并不是说人们对于文化的需求不再强烈，而是人们更希望以一种娱乐化的方式来获取到文化的相关知识与内容。不管是在文创产品中，以文化卡通形象的萌、宠、可爱，还是文创产品与现代时尚元素相结合，其中都体现出了文化的娱乐性和趣味性。

十一届三中全会之后，社会思想大解放，社会和经济得到了巨大发展，文化更加趋于多元化，社会对于不同形式的文化更具有包容性。思想上的开放，促使人们敢于尝试更多新奇想法，不同思想之间的碰撞也更加频繁。人们可以接触更多的思想与文化，文化形式的多样性也逐渐让文化更具有娱乐与休闲属性。另外，改革开放以来，中国经济不断向前发展，人民的物质水平得到显著提高的同时，对于文化等精神生活的要求也在逐渐增强。

　　另外，社会不断向前发展，需要人们具备更高的能力与相应素质，以适应更加激烈的社会竞争，人们的工作和生活的压力逐渐增大，如何平衡高压下的精神状态，文化之中体现出的娱乐性可能是一个有效的选项。

　　需要注意的是，文化不应被过度地娱乐化与商业化，如果在荆楚文创产品设计之中，在吸引受众关注度的基础上，过度让荆楚文创产品娱乐化，则会丢掉文创产品中最为重要的文化内涵，而只是突出其表面的感官刺激与游戏化的属性，如此一来，荆楚文创产品会落入浅显的直观表达效果，而缺乏内涵的积累与展示，进而文化的教育功能、审美功能、认知功能都会受到限制。因此，荆楚文创产品在设计之中应当把握好娱乐化的程度，不应以娱乐化为侧重点，但也不应只是泛泛地进行娱乐化设计，应当将娱乐化与荆楚文创产品的文化内涵与传统造物智慧进行深度且适宜地融合，让文创产品形成一个严密的逻辑整体，严肃与娱乐、文化与趣味、观感与内涵的完美融合是荆楚文创产品设计中体现其无可替代的价值的重要方面。

第五章 传统造物智慧与荆楚文创产品设计结合的途径

传统造物智慧与荆楚文创产品设计结合的途径可以从四个方面来分析,如图 5-1 所示。

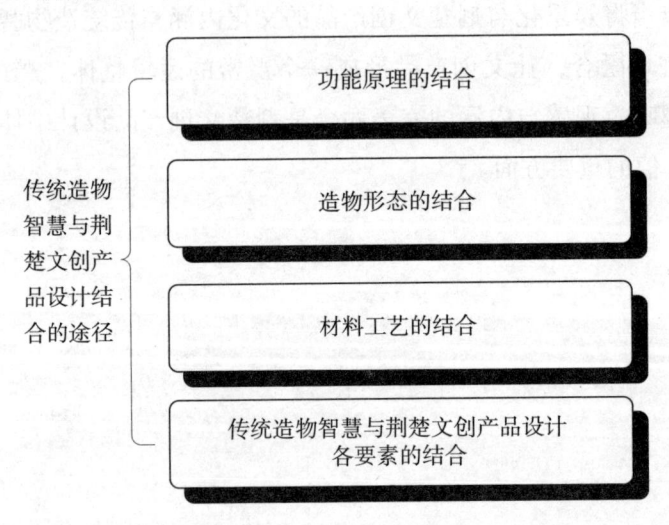

图 5-1 传统造物智慧与荆楚文创产品设计结合的途径示意图

第五章 传统造物智慧与荆楚文创产品设计结合的途径

第一节 功能原理的结合

荆楚文创产品作为商品，应将其功能性摆在首要位置，而传统造物智慧中的功能至上，就是将所造器物的功能性置于最重要位置。自古以来，器物在造出来后就应作为一件可以发挥作用的物品，供人使用。因此，器物的功能，或者说是其实用性存在的价值。荆楚文创产品中每一项功能都应可以满足消费者一个方面的需求。

例如，荆楚文创产品中的文具类产品、充电宝类产品、手机壳类产品等，文具类的荆楚文创产品可以是一个笔记本、一个铅笔盒、一只铅笔、一块橡皮、一个削笔刀等。消费者在选购每一类文具时，前提都是建立在其实用性的基础上，不会只因一款文具外观好看，而不具备任何实用性，还会让人产生极强的购买欲望。

假若一个铅笔盒只是简单地加上荆楚文化的图形元素，而不能体现出更多的荆楚文化的内涵，虽然表面上看起来与其他主题的文创产品有所区别，但也难逃过于简单化的设计，如此设计的荆楚文创产品在市场上不会留存太长时间，消费者在过了文创产品上市前期的新鲜度后，就会将兴趣点进行转移，寻找其他新奇的文创产品。要想抓住消费者的兴趣点，需要凭借文创产品内在的文化内涵，以及传统造物智慧中的设计理念，将荆楚文创产品的功能原理属性提升到一个新的高度。在设计荆楚文化主题的铅笔盒时，不仅要在外观上加入荆楚文化的元素，同时还要让铅笔盒的每个部分都协调统一为一个整体，彼此之间相互呼应。例如，可以将炎帝神农遍尝百草的神话元素作为铅笔盒的设计主题，铅笔盒盖上设计为神农的形象，在盒底设计为大地图案或是遍种中药百草的植物图案。盒盖上还可以设计上神农手部造型的勾型结构，与盒底部分形成勾连结构，在合上盒盖时，可以将整个铅笔盒锁死。盒底部的勾型部分可以设计为百草的造型，当合上铅笔盒时，就如神农弯腰采集百草，而打开盒盖时，可以呈现神农采起百草。如此一来，可以让静态的荆楚文化元素，在消费者使用时，转变为动态且富有趣味性的效果。铅笔盒的主要使用人群是学生群体，学生通常对一些趣味性的事物有浓厚兴趣，喜欢通过自己动手亲自体验产品的趣味性。因此，荆楚文创产品的开发者应当针对于主要的受众群体——学生，尽可能地设计一些具有丰富趣味性的精巧设计，让学生可以在看到产品的第一眼就能够被其有意思的设计巧思而吸引。

再如，荆楚文创产品的开发者在设计削笔刀时，可以将秦汉三国文化、长江三峡文化的设计元素融入其中，产品开发者可以在手摇式的削笔刀的手摇的一侧设计为幻灯片切换的效果，在圆盘的上部露一个可观看的窗口，在圆形的图片上可以画上几个图片，类似于电影胶片播放电影的原理。当摇动手杆时，圆形的图案会随着手摇的速率而一同转动，手摇的速率越快，图片转动的速率越快，而所形成的动画效果将会越连贯而流畅。如此设计会让学生对削铅笔产生更大的兴趣，即使不放入铅笔，学生也会更热衷于空转几下，欣赏其中的动画效果。而为了避免学生只看一个动画效果，时间长了会产生厌烦反应。手动削笔刀在设计时可以多增加圆盘的图案款式，学生在看腻一个动画效果时，可以随时进行更换。

第二节 造物形态的结合

在造物形态上，荆楚文创产品要让整体的形态保持协调统一，即达到天人合一的效果。不只是文创产品各个结构形态部分的相互呼应，成为一个整体，同时，还要考虑消费者的使用场景，尽可能保证荆楚文创产品与消费者使用时的场景保持协调一致。荆楚文创产品的开发者不仅要关注色彩、线条，同时，还要在产品的结构上与所有相关的因素协调一致，其中的因素包括受众人群的年龄段、使用习惯、群体喜好等；时下流行元素或是趋势；文创产品使用时的时间点等。当将这些因素都进行考虑时，所设计出的荆楚文创产品会与消费者的需求点更为接近。没有完美的文创产品，只有不断完善、不断趋于完美的产品。荆楚文创产品的开发者为消费者考虑的方面再多也不会显得多余。

例如，充电宝类的荆楚文创产品设计中，可以将充电宝的主体造型设计为长江三峡造型，或是设计为三峡大坝的造型。充电宝自身具有蓄电功能，可为手机或其他电子设备充电；三峡大坝具有很强的蓄水能力，同时，它也是目前全世界最大的水力发电工程，在功能性上两者有极大的相似性。因此，将三峡大坝的造型元素与充电宝相结合最为贴切。消费者在用充电宝进行充电的同时，可以切身地感受到三峡大坝的壮美。荆楚文创产品的开发者可以将充电宝的表面设计成动态的水流涛涛翻滚的效果，让消费者借助三峡大坝出水的水势，感受充电宝强劲的充电功能。此时，荆楚文创产品的造物形态与其产品的功能原理相结合，通过产品的形态反映其实用的功能性。当然，荆楚文创产品的开发者应当以产品的实用性为主，所呈现出的三峡大坝出水的效果，消费者应可自行选择对其关闭，以节省充电宝的电量。但如果技术条件允许，可以将出水效果所用的电量由充电宝表面的太阳能接收板吸收能量，转化为电能，而不消耗充电宝自身所储备的电量。只要在有光亮的时候，就可以随时对其进行太阳能充电，而多余的电量也可储存在充电宝中。此种设计也可充分响应国家的"双碳"目标。

此外，试举一例来具体阐释在造物形态方面，传统造物智慧与荆楚文创产品设计结合的途径。当下，可以说手机是人们日常生活中几乎离不开的产品，人们每天对手机的使用频率逐渐升高，因此，手机壳也就成了高消耗的手机周边产品。而传统的手机壳的设计只是在表面上印刷上不同的图案，在手机壳上加上一个手环或是手机支架，当然，这些设计也都是手机壳的基本实用属性。手机壳在设计时，应当将手机壳与手机本身想象为一个整体，在图案设计上，除了手机壳主平面图案部分，还要将手机侧面的手机壳部分考虑在内，虽然手机的侧面所占的面积较小，但若加以充分利用，会让手机壳平面部分的图案呈现出一定程度的立体效果。进一步来说，若将手机屏幕的画面加入进来，与手机壳的整体画面效果可以构成一个整体。荆楚文创产品设计平台可以为消费者提供手机屏幕的图片库，并将图片库中的图片设计为立体效果。如以长江三峡为主题的手机壳，壳的侧面可以设计为三峡两岸的崇山，手机屏保画面可以配以奔腾的江水，开发者还可将屏保画面制作成动态效果，手机壳的正面可以设计为峻山岩石的图案，而手机壳的内侧可以设计为静态江水奔涌的画面。当消费者将手机壳从手机上拆下时，也不会因为与手机屏保画面有较大落差而惊诧；但也可以将壳内侧的画面设计成水底图案，产生一种将手机屏保画面上的"江水"取走时，可以见到江底情景的新奇效果。

第三节 材料工艺的结合

荆楚文创产品不只需要在功能原理和造物形态上进行结合，同时还需要在材料工艺方面进行融合，以充分展现荆楚文创产品的功能原理与造物形态，以及其审美性、艺术性、科技性、实用性等。

在材料工艺上，传统造物智慧中的物尽其用和荆楚文化中"止戈为武"的和合精神是其中重要的一个方面。其中，物尽其用指材料的选取、质地的使用，同时也是材料的色泽、纹理、特性，甚至是材料本身的气味，是否与荆楚文创产品的实用功能、产品定位、主题表达相协调。物尽其用并不是单纯地指在产品生产时，要充分利用材料，避免造成不必要的浪费，同时也指，在材料工艺的各个元素的表现上，都应发挥其应

第五章 传统造物智慧与荆楚文创产品设计结合的途径

有的价值，每个材料工艺的元素存在的意义都是荆楚文创产品整体设计效果展示的一部分。材料的色泽、纹理、质地等特性都应传达出文创产品设计主题。

荆楚文化中"止戈为武"的和合精神，可以理解为材料工艺中各个元素间的融合，各个元素本身可以传达出由自身特性所形成的产品内在美与外在美，而元素间进行融合协调后，可以形成相互影响，相互作用的多层次的产品表现力，文创产品更深层次的内涵与价值也会因此而得以充分展现。

就材料工艺的颜色来举例，颜色主要由红、黄、蓝三原色组成，三原色以不同的比例相融合，可以产生丰富多彩的颜色。通常，可以将各种颜色分为三个系列：暖色系、冷色系、中色系。其中暖色系中包含黄色、橙色、红色、棕色和粉红色；冷色系中包含蓝色、绿色、青色；中色系中包含黑色、白色、紫色、灰色。每种颜色所代表的寓意均不相同，橙色代表快乐、青春、时尚、甜蜜、生机、活力，代表着炽热的生命和明媚的太阳光；红色是最强有力的色彩，是中国的传统颜色，寓意喜庆、吉祥、乐观，而西方则以红色鼓舞勇气，象征奋勇牺牲，红色可以让人热血沸腾，在视觉上产生极大的冲击力；蓝色在冷色系中有安静、理想、自由、艺术、深邃、宽容、广阔、清新之意；绿色可以带给人以平静、希望、舒适的感受，也可代表一种新生；黑色带给人的感觉是严肃、寂静、神秘、炫酷，黑色与其他颜色相互配合，可以表现出集中和重心感；白色代表着纯洁、冰雪、无瑕、明快。

材料工艺上单一的颜色有着自己独特的寓意，而将不同的颜色进行搭配，更可以体现丰富的意蕴。如黑色与白色的搭配，强烈的对比，可以表现出经典、休闲、迷茫之感；蓝色与白色可以呈现清爽、明快、典雅的效果；蓝色与橙色的强烈对比可以表现一种成熟的感受。

传统材质和现代人造材质在色彩、纹理等特性上有很大不同，具有独一无二的特性。例如竹子的质地精致而淡雅，而且竹节结构是中空的；

石材经过长时间的岁月侵蚀彰显出不一样的厚重感，表面也会产生凹凸不平的变化；陶瓷在温度的作用下，其表面的色彩和质感会有所不同，这些都是传统材质的物理特性。当前自然资源的短缺和市场竞争的加剧，在产品的材质选取上需要花费大量精力，文创产品不需要只关注功能、结构上的创新，在材质上的创新有时会带来意想不到的效果。

拿荆楚文化中的非遗项目来说，其中大布制作技艺、青铜编钟制作技艺、土家织锦"西兰卡普"、贝雕技艺、竹编技艺、程河柳编技艺、陶器烧制技艺、风筝制作技艺、花灯制作技艺、剧装戏具制作技艺等，都蕴含着古代匠人对于材料与工艺的精心雕琢。

就竹编来讲，竹子是一年四季都能生存的植物，其枝干笔直挺拔，内部中空，常被制作成存储物品的工具。除此之外，竹子的表皮强韧光滑，被用来编制成各种竹席、篮筐等生活用品。例如，可以将竹子加工成一个小型的扬声器，在竹子的表面一节处开一个手机大小尺寸的小口，将手机放置其中，不需要另外配置电池，通过竹子自身能够放大声音的作用将它作为一个天然的扬声器。这是因为竹子内部中空，可与手机的声音产生共鸣，起到扩大声音的效果。这一设计充分体现了绿色、环保的理念。竹子还可以用来编制家具，例如，在2014年的文创产品博览会上有三张用竹子编制而成的凳子，这些凳子看起来头重脚轻，且中间镂空，给人一种不稳的感觉。但经过实际检验，它们可以充分实现凳子的功能。凳子的承重部分采取了最稳固的结构——三角形，而且在编制时实现了各个方向的受力均匀，加上竹子本身就有坚韧不易断的特性，竹凳也就成为一个具有创造力的产品。

从对材料颜色的简单分析中，可以看到，要做到物尽其用，需要荆楚文创产品的开发者对产品材质、特性、工艺等方面有深入的理解与认知，并可以灵活而熟练地对其进行应用。

第四节 传统造物智慧与荆楚文创产品设计各要素的结合

前文三节侧重于传统造物智慧中的三个方面与荆楚文创产品设计的结合途径，这一节着重阐述荆楚文创产品设计中三个要素如何与传统造物智慧进行结合，如图 5-2 所示。

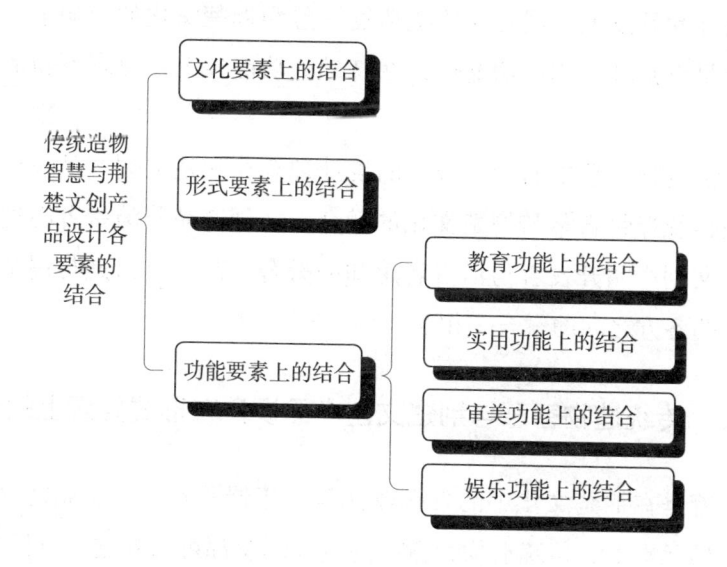

图 5-2 传统造物智慧与荆楚文创产品设计各要素的结合示意图

一、传统造物智慧与荆楚文创产品设计在文化要素上的结合

在文化要素方面，传统造物智慧也是传统文化的一个重要的组成部分，因此，与荆楚文化之间的衔接与融合，同样具有更大的可能性。从炎帝神农氏遍尝百草开始，先人就已经开始对世间万物充满好奇，探寻事物的特性和内在构造和机理，研究其间的联系与相互作用方式，而所

做的这些探索的过程，也就是传统造物智慧的实质来源，这种研究与发现的精神影响着后人审视事物的角度与方式。荆楚文创产品的开发者可以追溯荆楚文化的本源，从本源中发掘文化所蕴含的实质精神，并以此融入文创产品的设计中，让消费者可以从文创产品中体味荆楚文化古人的智慧与精神。而从光武中兴的东汉光武帝刘秀的人生历程中，可以感受到一种不甘平庸、勇力开拓、奋勇向前的创新发展的精神。传统造物智慧中的功能至上，也是一种务实精神，大到一个国家的繁荣发展，小到一个人的成长进步，都需要求真务实的精神状态。推演到荆楚文创产品的设计和开发上，就是在传统造物智慧和荆楚文化的影响下，文创产品的立足点是其实用的功能性，在基础的功能性上，要有不断的创新发展精神。

传统造物智慧中的天人合一的设计理念在荆楚文创产品设计中，可以代表传统造物智慧与荆楚文化的融合、文创产品与消费者心理需求的融合、文创产品开发者与消费者感知的融合，甚至可以是与荆楚文创产品相关的各方之间的融合和相互作用。

二、传统造物智慧与荆楚文创产品设计在形式要素上的结合

不管是在荆楚文化中的青铜器元素、漆器元素、丝织刺绣元素，还是在玉器元素上，传统造物智慧中的设计理念都可与其进行有机地结合。青铜器上具有荆楚文化特色的编织纹、云纹，或是龙凤纹、蟠螭纹、云雷纹、叶形纹、梭形纹等，每种图案纹理都可以表现一种形式效果，这种形式效果传递给消费者，与其当时的心境相结合，可以产生各种不同的情绪状态。漆器在色彩上的黑髹、朱髹，在纹饰式样上的龙、虎、鱼、凤、蟠螭、扶桑树、卷云、三角雷纹、神话传说纹样等，不同的造型，可以展示不同的情绪状态，每一种纹样都包含着悠久的历史文化，积聚着人们对世界万物的观点与看法。丝织刺绣中的绢、绨、纱、罗、绮、

锦、绦、组，纹样中的凤纹、人物纹样、动物纹样、植物纹样、几何纹样，这些纹样不只是呈现表面上的图样，通过这些具有丰富层次的图案，可以传达出一种情感、一种态度、一种理念，消费者也可根据自己的情绪心境，从中感受丰富的文化变化。

不管是青铜器、漆器，还是丝织刺绣和玉器，其上的图案纹理都有着深远的寓意，这些纹理经历了漫长岁月的洗礼，经过了数代人的欣赏与审视，保存至今，散发的魅力仍可绵延长远。

三、传统造物智慧与荆楚文创产品设计在功能要素上的结合

传统造物智慧与荆楚文创产品设计在功能要素上的结合可分为教育功能上的结合、实用功能上的结合、审美功能上的结合以及娱乐功能上的结合四个部分。

（一）传统造物智慧与荆楚文创产品设计在教育功能上的结合

荆楚文创产品中蕴含着传统造物智慧以及荆楚文化的丰富内容，使其具有突出的文化气息，文化本身就具有教育功能，给人以启迪，人们可以从荆楚文创产品中感受到古人的智慧与文明、生活情趣、对世界的认知以及表达与传递智慧的方式等。消费者可以通过荆楚文创产品这一载体，进入古人生活的环境与时代。浸润在这样一个充满文化与智慧的氛围中，消费者不由得会感同身受，受此文化与智慧的熏陶，从中获得前所未有的知识与审美的涵养。

（二）传统造物智慧与荆楚文创产品设计在实用功能上的结合

传统造物智慧重实用，在功能上也会极尽巧思，若脱离了实用性，文创产品将会缺少极为重要的产品基础。荆楚文创产品可以在材质上突出其实用功能，如在手机壳材质的选择上，可以选用漆器的材质作为其主体材料，再配以多种图案纹理，上手可感到舒适而不滑的触感，再加

上纹理的精巧设计，可以增加触感的层次性。

实用功能上的结合是在开发者充分了解荆楚文化中所使用的材质的特性的基础上，对材质在现实生活中的功能进一步挖掘和开发。

（三）传统造物智慧与荆楚文创产品设计在审美功能上的结合

传统造物智慧与荆楚文创产品设计在审美功能上的结合，是将传统的审美元素与现代人们的审美取向相结合，在保有传统元素的情况下，通过提炼、解构、打散、重组等形式，将传统元素与现代的审美做创新结合，以新的构图、色彩重组等多种方式尝试与现代审美标准有机结合，传递出楚文化在新时代的衍生性发展，更好地符合现代人的审美需求和消费习惯，展现朴实无华的传统审美。虽然在审美标准上的，传统与现代的认知与感受不尽相同，但从美的本质来看，在人们心中产生的感受类似，不管何时，人们看到美的事物都会心情愉悦与舒服。

将传统的审美与现代的审美情趣相联通，可以在原有的传统图案纹理上加上现代流行且主流的色彩，或是取荆楚文化的典型元素，进行设计上的变形处理，在不改变其文化代表性的前提下，加入现代元素，让传统与现代相结合。

（四）传统造物智慧与荆楚文创产品设计在娱乐功能上的结合

传统造物智慧与荆楚文创产品设计在娱乐功能上的结合，可以将荆楚文化中的元素进行灵活的改进，用活泼的色彩进行调配，让文化中的线条和纹理变得萌动而艳丽，具有娱乐化气息。将荆楚文化中具有代表性的人物形象、器物萌化的表情、动作、服装设计出来，不仅使得原来较为严肃的形象一下子就充满了亲切感，而且能引起消费者在情感上的认同，以手办、周边的玩具展现，既以更亲切的方式传播了文化，又恰如其分地融入了百姓的娱乐生活中。

第六章　传统造物智慧融入荆楚文创产品设计开发实践

传统造物智慧融入荆楚文创产品设计开发实践包含四部分内容：传统造物智慧融入荆楚文创产品设计开发的定位、传统造物智慧融入荆楚文创产品设计开发的价值、传统造物智慧融入荆楚文创产品设计开发的方法、传统造物智慧融入荆楚文创产品设计开发的评价。

第一节　传统造物智慧融入荆楚文创产品设计开发的定位

传统造物智慧融入荆楚文创产品设计开发的定位可以从四个方面来进行分析，如图6-1所示。

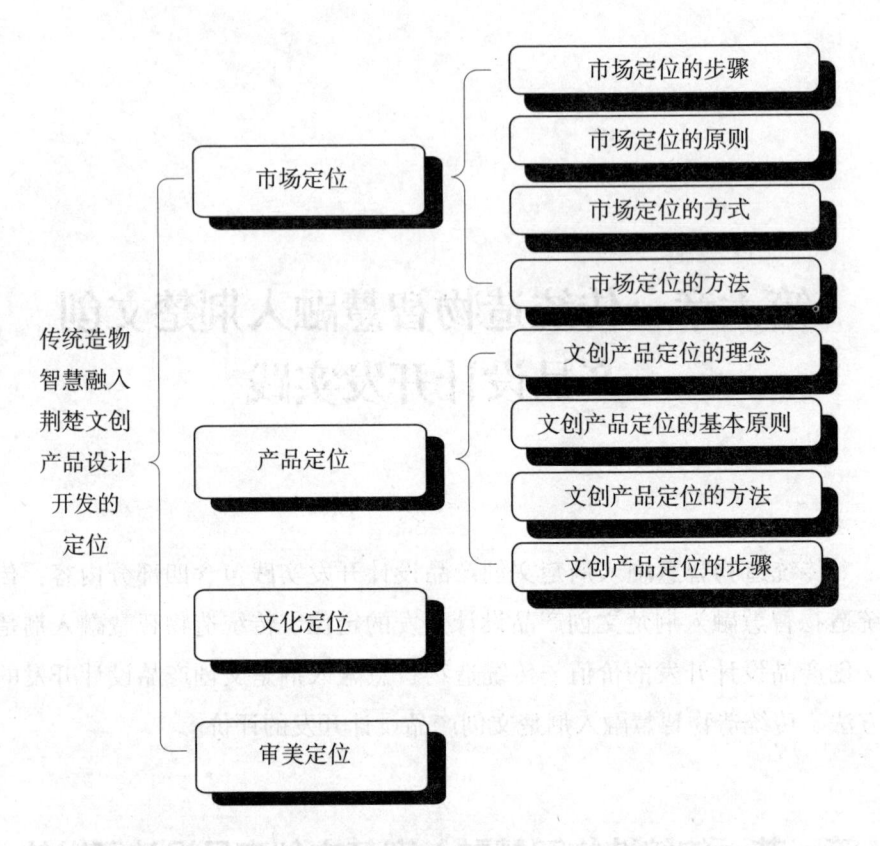

图 6-1　传统造物智慧融入荆楚文创产品设计开发的定位示意图

一、市场定位

　　荆楚文创产品的市场定位也可以称作营销定位，是在充分地进行市场调研基础上，明确自己产品的鲜明的和与众不同的产品风格。其中包括对现有产品的再定位和潜在产品的预定位。文创产品的市场定位最主要的是在现有的以及潜在的消费者心目中会产生怎样的影响，而这种影响直接关系着文创产品在设计之初设计师对产品的整体创作。在进行市场定位的过程中，也应当要清楚相关文创的竞争产品的市场表现、产品特点、营销方法等信息。市场定位也是要确立文创产品在市场中应当具有的产品形象，应当占据怎样的有利位置，这是后期文创产品设计开发过程的方向指导。

（一）市场定位的步骤

荆楚文创产品市场定位分为三个步骤：识别潜在竞争优势、确定核心竞争优势、制定最终市场定位的战略。

1. 识别潜在竞争优势

识别潜在的竞争优势，指荆楚文创产品的开发者要对自己的产品有全面且详细的认识，清楚本产品的优劣势以及竞争对手的优劣势，并将自己与竞争对手的优势与不足之处进行数据的对比分析，找出竞争对手的不足，分析其不足之处产生的原因，并以此为机会点。开发者再根据对手的劣势，比对自身相应方面是否也同样存在些问题，倘若在这一方面正好是开发者的优势所在，则正好可以利用其优势在市场上获得绝佳的表现；如果在这一方面，恰好也是开发者的不足之处，则通过对竞争对手以及自身劣势的分析，找到相应的解决方案，抢占市场先机。有时，开发者自身的潜在竞争优势不容易发现，这时通过对自身和对手的数据分析，利用各个角度的评判，则可能会有新的发现，以往自身的优势在分析出来后，开发者可以将其进一步放大，并充分利用这一优势，将其应用于文创产品的开发设计之中。

有时，文创企业自身的潜在竞争优势可能不只一个方面，通过大量的数据分析与研究，可以进一步对这些潜在的竞争优势进行筛选，为下一步核心竞争优势的定位作铺垫。

2. 确定核心竞争优势

在初步选出潜在的竞争优势后，紧接着就需要确定文创企业的核心竞争优势。核心竞争优势的确定需要考虑多方因素，通过数据分析的方式，或是分析自身或竞争对手在市场上的表现，所具有的设计优势、以往产品的市场竞争力、抑或是消费者的意见反馈等多方面的因素，最后综合各方因素，确定文创企业自身的核心竞争优势。

荆楚文创企业在确定了自身的核心竞争优势后，下一步需要制定具体而有效的文创产品的开发以及营销战略。

3. 制定最终市场定位的战略

战略的制定包含有荆楚文创产品开发设计战略和市场营销战略两个方面。其中荆楚文创产品开发设计战略制定的指导思想，要基于荆楚文创企业自身的核心竞争优势，在此基础上，指引文创产品设计的理念与思路。而市场营销战略同样也是基于企业自身的核心竞争优势来确定，此外，还可将传统造物智慧与荆楚文化的内涵与精神进行提炼，从中进一步发掘文创产品的闪光点以及与其他竞品的不同之处。市场营销的核心理念是最大化地突出自身优势，并通过有效且合理的营销方式，在荆楚文创产品与潜在消费者之间建立一个有效沟通的桥梁，拉近文创产品与消费者之间的距离。

（二）市场定位的原则

1. 根据文创产品特点定位

构成文创产品内在特色的诸多因素都可以作为市场定位的依据，如文化内涵、艺术性、选材、审美性、质量、价格等。文创产品自身的特点是最为明显且可识别的市场定位依据，其所具有的文化内涵、艺术性、审美性等都是其最为显著的特点。对于荆楚文创产品来说，应当将其本地丰富的荆楚文化的特色作为主要的参考因素，并且荆楚文创应当以此为切入点来确定产品设计的方向和思路，同时还应融入传统造物智慧的设计理念，将造物智慧与荆楚文化有机地结合在一起。

根据荆楚文创产品特点来进行定位，可以选取其中一个点，同时也可以选取有鲜明特点的几个点，但总体而言，所选取的特点不宜过多，若用来定位的特点过多，则会影响文创产品在设计时的主题表达，而一旦文创产品最终表达出的理念与内涵由于过于繁杂而不明确，则容易给消费者产生一种不知所以然的模糊印象。当消费者不清楚自己可以从一件文创产品中收获到什么的时候，也就根本不会选择去购买。因此，最好的选择是确定一个最具有代表性的特点，并且这一特点可以通过一定的表现手法表现出来，让消费者很容易地就可以理解。

2. 根据特定场合及用途定位

荆楚文创产品需要设计师在进行设计之前明确自己的产品是在什么场合下使用，以及主要的用途是什么。这是一个换位思考的视角，需要设计师站在消费者的角度来思考文创产品实际的使用场景，以及给消费者带来哪些方面积极的影响和改变。从另外一个角度，文创产品的设计师同样也是满足消费者不同需求的服务者，他们既是设计师，同时也是服务者的身份，更利于设计师设计开发出适应市场需求的畅销产品。如果设计师只是一味地以自己为中心，只关注自己的设计冲动和创作喜好，而根本不关心市场以及消费者的情况以及其中微妙的变化，就会成为刻舟求剑故事中的主人公，当问题出现的时候还不知道问题发生的原因。

基于这一点，荆楚文创产品的设计师应当随时关注文创产品市场的动态变化以及消费者的消费需求，紧跟时代发展与科技进步的步伐。只有不断地学习和思考，才能更好地适应市场的变化。当今社会，移动互联网、数字化、信息化、云计算、大数据等一批新技术的不断涌入，使得人们获取信息的方式发生了根本的变化，人们可以很方便、很快捷地随时获取丰富多样的资讯，只要有一个简单的想法，有很大概率就可以获得相关想法的大量信息。因此，在这样的社会发展的大背景下，文创产品的设计师应当不断更新自己的设计理念，要勇于尝试新生事物，要擅于发现新的技术、想法、理念与原有的设计经验之间的契合点。在新生事物和信息的不断冲击下，设计师也应当清楚地知道自身设计的思路与原有的经验优势，不应全盘汰旧换新，应当在尝试、批判、审视中进行有针对性的筛选。

在新的社会发展形势下，设计师也应当勇于开拓新的使用场合，以及开发新的产品用途。具体而言，开拓新的使用场合，可以在原有的使用场合基础上，发掘新的场景，或是重新针对新的场景来设计新的产品。

文创产品所确定的新的使用场合和用途并非固定不变，其可以随着市场的变化和发展进行小幅度地调整，以不断适应市场需求以及消费者的使用目的。同时，设计师也应当注意的是，在进行产品使用场合和用途的市场定位的调整时，应当慎重选择，要进行多方调研与分析，确定现有产品所具有的产品优势以及消费者所认可的产品的特点，如何调整才能保证在既满足消费者现有的需求，同时又可以拓展产品的使用范围，不可捡了芝麻丢了西瓜，因小失大。

3. 根据消费者利益定位

文创产品设计师所设计出的产品是要满足消费者的需求，以消费者为中心来进行产品设计开发，本质上也是在为消费者提供服务，根据消费者利益进行定位，也是市场定位中最为关键的内容。这是最根本的市场定位，设计师要以消费者为中心，站在消费者的角度思考产品设计问题。

消费者更注重文创产品在文化创意方面的表现，以及其所展现出的艺术与审美特性。消费者希望从文创产品中可以获得更多的与荆楚文化相关的内容与信息。消费者选购一件文创产品已不再是作为自己去过某地的象征和纪念，也并不是简单地关注其外观或是表面所呈现的效果，而是更多地会对文创产品本身所蕴含的文化属性、历史人文等深度信息产生浓厚的兴趣。同时，由于荆楚文创产品又融入传统造物智慧，因此，传统造物的理念与方式也是消费者所关注的重点。消费者会对文创产品的设计构造、色彩搭配、实用性、情感性、体验性等特点产生兴趣。基于这方面的考虑，荆楚文创产品设计师应当通过各种设计技巧来最大限度满足消费者的需求，使消费者利益最大化。在进行产品设计时，应当将消费者所关心的内容和元素尽可能地清晰地进行呈现，让消费者更容易地理解与接受，设计师还应当花费一定的心思，要通过有趣、直接、生动的方式来吸引更多消费者的关注。

此外，设计师还要考虑文创产品能给消费者或是为其周边的人或环境带来什么样的影响，同时，设计师也可以设想消费者在使用或欣赏这件文创产品时，会出现什么样的情感变化，心理状态会如何，是看到文创产品的一瞬时就接受并喜欢产品风格，还是经过思考回想的过程才真正接受了一件产品。设计师应当尽可能广泛地了解消费者的感受以及遇到文创产品后的反应，以帮助自己更加深入地了解产品的整体表现和优劣势。

4. 根据消费者类型定位

根据消费者类型的不同来进行市场定位，可以进一步明确消费群体，在文创产品整体设计不变的前提下，只针对营销策略进行调整，有时可能会出现意想不到的效果。消费者有不同的群体分类，如按年龄结构、职业、喜好等，再进行细分，还可以针对生活方式、交际方式、审美水平等作进一步的市场定位。一件产品不可能覆盖所有消费者群体，不同的消费群体间对产品的需求有时相互冲突，因此，设计者或是文创产品的开发者需要明确产品的市场定位，做到取舍得当，这需要在做好前期市场调研的基础上，再进行慎重的取舍。设计开发者可以主要针对一个消费群体进行文创产品的开发，再辅以一个或两个有针对性的潜在消费群体，对于潜在群体，主要侧重于目标消费群体的培养与尝试性实验，以为后期文创产品的研发提供最直接的一手资料。

（三）市场定位的方式

1. 避强定位

避强定位的市场定位方式意指避开与强有力竞争者的直接正面竞争，在强有力竞争者主要的市场区域之外找寻机会点，让自己的文创产品的特征和优势与竞争者有明显区分，并且可以在机会市场上迅速占据有力且稳定的位置，在消费者心目中留下深刻印象。这一市场定位的方式对于设计者或是设计团队来说,是一个极为有效的方式,因此,这种方式也得到广泛的使用。在文创产品设计开发初期,设计团队的影响力和整体实力并不强时,应当在充分了解与认识自身能力的情况下,集中全部精力与时间于一个相对空白且有潜力的细分市场,尽可能地避免与实力较强的竞争对手进行直接竞争,这不仅是保存自己有限的资源与精力,同时也是极为有效的在一个市场中迅速建立起稳定且可持续发展基础的最佳选择,除非设计者拥有十分独特且广泛认可度的创意设计产品。

2. 迎头定位

迎头定位的市场定位方式,意指企业或公司根据自身的优势与整体实力情况,与在消费市场上占据有力竞争位置的公司或企业竞争市场地位,从而抢占对手原有的市场位置。但这一竞争战略的选择存在着较大的竞争风险,这需要企业或公司要在前期做好充分的市场调研,尽可能详细了解竞争对手在市场上的表现、优势与不足、成长与发展情况、优势文创产品的特点与定位等信息,此外,企业或公司还要清楚自身的优势与竞争力、最佳的市场切入点、较为完善的文创产品设计开发方案,以及具体实现路径。企业或公司必须在知己知彼的情况下,将文创产品的设计开发与推广营销的风险降至最低。虽然确定了与强有力竞争对手进行激烈的市场竞争,但也要在落实市场战略之前,掌握最为稳妥的执行方案。

对于企业、公司,或是设计者来说,在选择这一市场定位方式的时候需要慎重,并不是每个企业或公司都可以轻而易举地通过这一方式将自己的文创产品打入市场,并得到消费者的认可。这需要设计开发方对文创产品的消费市场有敏锐的观察与深入的理解,要充分地分析与判断企业自身与市场的大量数据,利用有效的方式对数据进行专业且全面的分析,最后制订出切实可行的定位策略。

3. 重新定位

重新定位的方式指的是企业对于销量少、市场认可度低、接受度不高的文创产品进行重新定位的一种市场定位方式。这一情况往往出现在文创产品的初次定位之后，产品并没有得到预期的市场认可，销量平平，此时，企业不得不及时调整市场定位策略，以及时扭转产品不良的市场表现。

此外，重新定位还可能发生在企业或公司发现了新的市场机会点，想要摆脱原有的较为固化的市场竞争格局，赋予文创产品新的市场定位，这有利于及时满足消费者需求，并且可以让企业及时适应市场的即时变化。

企业或公司必须时刻保持对市场的敏锐性以及及时的反应速度，影响文创市场的发展有诸多因素，并且每个因素都可能时刻发生着变化，文创企业假若只是固守一个产品或只是将文创产品定位在一个固定的市场空间内，则会被变化着的市场或环境所淘汰，产品的销售业绩会愈加衰减，直至产品彻底被市场所抛弃。

企业为文创产品重新进行市场定位，一方面有助于给企业注入新的生机与活力，迎来新一波的销售增长；另一方面，对企业本身来讲，也可以有力地刺激企业自身时刻保有一种积极的开拓心态，让企业时刻处于一种兴奋状态。企业的生命力在于时刻保有开拓精神，不断寻求创新的途径，不断完善产品质量，不满足于现状。企业生存的基础是建立在不断向前发展的过程中。

同时，需要注意的是，企业重新进行市场定位前，应当充分分析现有市场与潜在的预定位的市场之间的差异性，并应结合文创产品的自身特点以及在市场中表现出的优势与不足，此外，还要深入了解重新定位前后两个市场未来的发展趋势等。在经过慎重而周密的分析与研究后，再制订全面的重新定位的策略。切勿盲目跟风，单纯地为了改变而改变，为了调整而调整，开发者需要明确所设计出的文创产品的最终目的。

（四）市场定位的方法

市场定位的方法可以分为五个方面，如图 6-2 所示

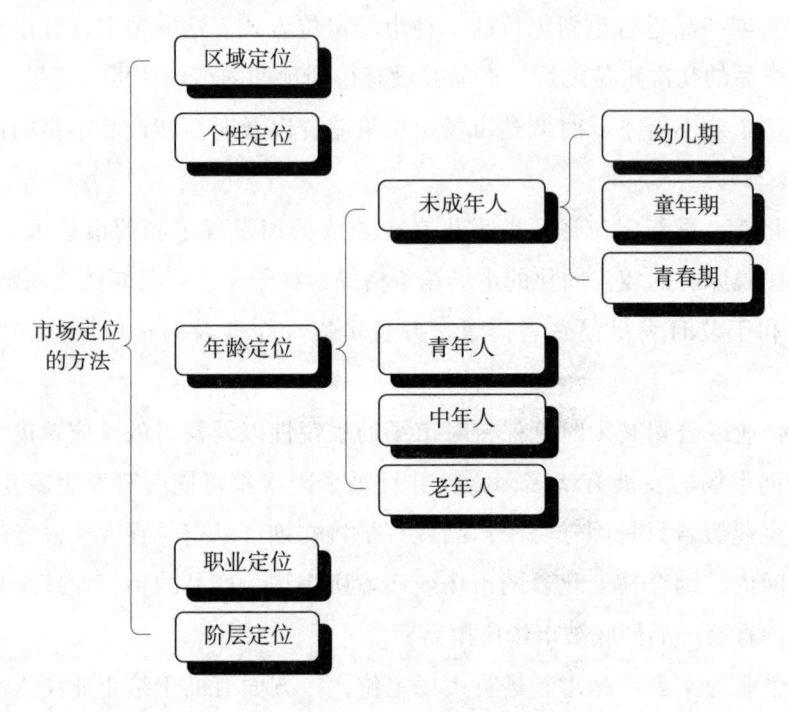

```
市场定位         区域定位
的方法           个性定位
                                      幼儿期
                          未成年人    童年期
                                      青春期
                 年龄定位  青年人
                          中年人
                          老年人
                 职业定位
                 阶层定位
```

图 6-2 市场定位方法示意图

1. 区域定位

区域定位指的是荆楚文创产品的开发者在进行文创产品营销时，应当明确产品所针对的市场区域，是海外市场、国内市场，还是具体国内的某一个地区的市场。开发者只有明确了文创产品所投放的区域，才能有针对性地针对这一区域进行文创产品的研发和设计。进行区域定位的目的是要进一步了解这一区域文创市场的环境和特点；明确当地人的风俗习惯和人文环境；熟识区域内消费者的消费习惯和消费方式等消费行为；知悉该区域的政策环境等。进行区域定位就是要明确在区域市场层面，找准目标市场以及文创产品设计的侧重点，将文创产品设计的主要

精力集中于设计创作文创产品针对于特定市场区域。

就国内来说，中国人口众多，国土面积辽阔，不同地区的自然环境、背景文化、消费者的消费习惯、消费能力等都不尽相同。因此，即使是同一种荆楚文创产品，在不同区域进行推广，所需要的营销策略也会不同，这也是产品区域性的一个显著特点。例如，一件荆楚文创的家具在国内进行营销，则需要考虑南方市场与北方市场的气候因素，南方地区普遍多雨水，湿度大，消费者在选择家具时会先考虑防潮防霉因素，生产者在这方面应该做好相应地处理。

2. 个性定位

个性定位就是针对消费者个性化需求进行有针对性的文创产品设计与开发，满足不同消费者需求。个性定位不同于同质化的产品研发，同一种个性化产品可能只有较少的生产数量，但产品的丰富度较大，产品的差异化较为明显，这就成为开发者较为主要的产品竞争力的来源。当今社会，随着信息技术的不断发展以及新媒体传播方式的不断丰富，人们接收信息的渠道和方式不断增加，人们可以接触到大量最新的资讯。相比于信息匮乏年代的人们，现代人已不满足于产品的基本功能和简单的外观设计，而是更加注重个性化的彰显以及差异化体验。为了满足现代人逐渐增长的文创产品需求，文创产品的开发者更应当将注意力集中于文创产品的个性化呈现。但在此之前，开发者应先对消费者的个性化需求进行详细且全面的调研，要准确且全面地了解消费者喜好，站在消费者角度来思考文创产品的设计开发思路，一切以消费者为中心。

兼顾开发者利益。开发者应当将具有相同喜好或相同个性化需求的消费者归为同一用户群体，进行个性化文创产品开发设计的同时，尽可能降低开发者的研发生产的成本。当然，首先还要以满足消费者个性化需求为前提，再考虑开发者自身利益。消费者的个性化需求与文创产品的质量同等重要，此二者也是开发者可持续发展的基本要素。

文创产品的开发者应当注意的是，在进行文创产品个性化定位之前，要明确消费者个性化需求的具体情况和整体情况，将获得的信息与数据进行汇总并进行专业的分析，同时，还要结合自身的开发设计能力，最终确定个性化的产品定位。对于一个开发者来说，并不是消费者的每个个性化要求都必须满足，开发者必须综合各方因素，进行整体研判，确定适合自己可持续发展的最佳路径。其中的因素包括生产研发的成本和周期、预期市场认可度、消费者个性化需求的周期性及规模等。现在很多开发者都意识到在文创领域中，个性化的需求与日俱增，但真正可以做到文创产品个性化订制的开发者数量可能并不多。一个问题是个性化订制是否真切地可以满足消费者的需求，另一个问题是开发者对于更加丰富的个性化文创产品品类的设计与生产，是否可以保证自负盈亏。

但不管市场如何变化，不可否认的是，文创产品会愈加趋向个性化和多元化，人们的生活水平在不断提升，产品的基本功能、外观、属性等已不能满足人们的需求，他们会更加追求独特且新鲜的文创产品设计。在这样的大趋势下，荆楚文化以及传统造物智慧的融入可以为文创产品设计注入更多新鲜的生机与活力。荆楚有着悠久的历史与文化传承，其包含着丰富而又深厚的文化内涵，有着取之不竭的灵感元素，在文创产品的设计中可以充分地加以利用。例如，将炎帝神农氏的元素加入荆楚文创产品的设计之中，或利用其形象和符号化的标记，或利用其背后动人传奇的故事元素；或在文创设计产品之中加入荆州花鼓戏的传统元素或是传统色彩和图案样式。而传统造物智慧中的物尽其用也符合现代社会普遍所接受的"物尽其用"。

3. 年龄定位

在制定营销推广策略时，开发者应当充分且全面地考虑消费者的年龄层次，针对不同年龄段群体，应当开发不同的文创产品，以满足差异化的需求。人群年龄跨度较大，不同年龄段的人群有着不同的个人喜好以及对产品的需求。按年龄对人进行分类，主要可以分为未成年人、青年人、中年人以及老年人。

第六章　传统造物智慧融入荆楚文创产品设计开发实践

（1）未成年人

而对于未成年人，又有三个重要的时期：幼儿期、童年期、青春期。

①幼儿期：3岁左右属于幼儿期，这一时期的孩子未成年人处于第一逆反期，幼儿的生长速度减慢，但其智能水平发育加快，对于所接触的各种外界事物有较快的学习和吸收能力。在语言、思维以及社交能力上有明显的提高。因此，幼儿初步形成了一定的认知能力，并且有了一些自我判断力，对于大人的话不会全部认可，最为典型的表现为不听话，有一些自己的主张和想法。针对这一特点的幼儿，开发者在进行文创产品设计之时，应当考虑用一些可以调动幼儿兴趣的图案或设计元素，这种设计不用过于复杂，保证在幼儿的认知范围内。在引起幼儿兴趣的基础上，开发者可以加入更多易于理解且新奇的文化元素，以进一步吸引幼儿对文创产品的关注，开发者可以选用较为活泼且明亮的色彩进行渲染。在文化元素的选择上，可以选择安陆民间漫画、宜昌夷陵区的民间版画，提取生动有趣的丹江口伍家沟村民间故事的情节或是故事画面。需要注意的是，文创产品最终呈现出来的画面不应过于复杂，设计时应选择最直接且通俗易懂的设计表现手法，幼儿对于画面的含义不会有更深的理解，若选择加入一些需简单理解的画面或元素，应当兼顾大人视角，考虑大人与孩子互动的环节。通过大人的帮助与讲解，幼儿可以较容易地理解一些简单的元素设计与画面故事。需要认清的是，幼儿是文创产品的相关性最为密切的群体，而最终的购买权掌握在大人手中，因此，在吸引幼儿关注的同时，也要考虑大人对文创产品的感受，最好让大人也产生一些兴趣。

②童年期：未成年群体中3-13岁左右属于童年期，这一时期的儿童有了更多的自我意识，掌握了更多的知识与经验，有了更多的主张与想法，从以直接经验的学习过渡到可以通过间接经验来获得知识的发展过程。此时的儿童具有了一定的抽象逻辑思维能力，甚至可以通过多重抽象来获得数理逻辑经验，在这个转折变化期，儿童获得更高的学习能力，

在各个方面的自信心初步建立，常常会表现出以自我为中心。而处于这种心理状态的儿童更希望得到他人的认可，他们对于自己知道的事物或知识会表现出强烈的好感，认为自己知道并熟知的事物属于自己，是自己所掌握的，一方面可以表现出自己的聪明才智，另一方面，在他们的观点里，自己知道的事物就是自己的，同时也会表现出一定的优越感。针对这一阶段儿童，开发者可以选择一些需要通过一定的理解能力才能认知的文创产品设计元素，以满足儿童强烈的表现欲望。难度的选择要适中，儿童可以通过自己的认知水平来理解其表达内涵，而不需要通过他人的帮助。同时，文创产品所设计文化元素的难易程度可以分开几个不同的等级，以满足不同层次儿童的需求，因有的儿童认知能力较强，可以选择高阶难度的文创产品，而对于认知能力较弱的儿童来说，则可以选择低阶难度的文创产品。儿童在欣赏或选购文创产品之时，一方面为儿童建立了认知的自信心，另一方面也提升了文创产品的购买率。

③青春期：在15岁左右青春期的未成年人，正处于第二逆反期，这一阶段的未成年人身体处在第二次生长发育的高峰期，体重、身高、样貌等都发生明显的变化，生理功能也趋于完善，性器官与性机能也逐渐成熟，儿童能够感受到自身发生的明显变化，并且由于变化较快，自己还不能完全适应身体与心理上发生的变化，因此，也就产生了忧虑、不适、烦躁、自卑等心理问题。但由于心智还未发展成熟，不能很好地解决如此多的变化和问题，消极情绪随之产生。鉴于此，文创产品的开发者在进行产品设计时应当关注这一阶段儿童的主要特征，在设计中加入更多的鼓励、积极、阳光的元素，以激励儿童，增强他们的自信心。例如炎帝神农氏的神话传说加入文创产品的设计之中，让儿童通过对神农氏无所不能的神化形象的崇拜建立起强大的自信心，克服自卑和不安的心理，以迎接现在和未来的各种困难和挑战。或是通过壮美三峡元素来开阔儿童的胸襟，让儿童对大千世界的好奇心冲抵自己渺小个体的单一认知，将其精力从自身抽离，转移到丰富多彩的外部世界。通过这些文

化元素的熏陶，儿童可以重新对自己进行认知，不再局限于单一的看待自己以及周围世界的维度，开拓其思维，丰富儿童的内心认知与感受，构建一个逐渐成熟且强大的内心世界。

（2）青年人

如今，青年所界定的范围在20到39岁之间，这一群体有着强烈的求知欲，渴望探索与冒险，在社会群体中最活跃、最积极、最有朝气和活力。青年人更加注重自我表达，青年人的文化更加独立、多元、边缘以及反叛，同时也具有动态发展和整体性的特征，有时青年文化的发展具有不确定性、更新性、并归性以及扩散性的特征，甚至有时青年文化与主流文化之间存在着冲突与互动。由于处于这一时期的青年群体心智发展已经成熟，并有了一定的社会经验，同时身体与心理等各方面条件达到人生的顶峰，他们渴望探索求知世界，希望在表达自我的同时得到他人的认可，他们希望自己的人生由自己掌握，并且希望通过自己的努力与奋斗可以实现自己的理想，他们渴望成功的积极性比任何时候都强烈。针对青年群体的诸多特征，文创产品的开发者，应当侧重于通过文创产品，满足青年探索与发现的欲望，让青年在文创产品之中找到自身价值所在，其中加入的文化元素可以较为复杂，具有一定的文化深度与广度，当一位青年通过自身的努力从一件文创产品中发现其中暗含的文化内涵以及设计解读，其给青年群体带来的不只是表面视觉上的享受，更多的是一种才能释放的成就感，青年群体也会因此而喜爱上一件文创产品，以作为自己能力与认知的证明。当他们理解了一件并不容易理解的文创产品时，他们与这件文创产品的关系就不再陌生，而好像是相识的知己。开发者可以将更多的文化元素融入设计之中，让青年群体进行不断地探索与发现。这一群体有自己的收入来源，且对于自己喜爱的物件，会毫不犹豫地购买，有时会常常出现感性的冲动消费，因此，如何打动青年群体是需要文创产品开发者花心思考虑的事情。

（3）中年人

中年人指45岁到59岁之间的人，这类人群的知识还在不断的积累增长，经验也仍不断累积，但生理机能却随着年岁的增长而逐渐消退，事业已有一定的成就，但对事业仍有着较高的期望值，争强好胜的心态相比于青年略有减弱，但却有着较强的自尊心，不甘落于人后。处于中年的人群有一定的经济基础，生活独立，追求更高的生活品味。处于五十知天命的年龄段，中年人对很多事情都已看得开，放得下，不会过于注重事情的结果，会更享受做事情的过程，拥有更加豁达乐观的心态，不会违背个人原则去做某事，但同时中年人前半生所得的成就也需要得到他人的认可，还拥有一定的虚荣心，但并没有青年时期的强烈。文创产品的开发者在进行产品设计时，应当满足中年人的心理诉求，文创产品要体现出品味与档次，如果可以做到产品高雅的同时，还可以彰显使用者的身份和地位，会是一件较为完美的设计产品。凭着不错的经济实力，中年人一旦相中一件文创产品，将会不假思索地选择购买。当然这需要文创产品不管在产品质量、还是艺术设计上都需要有更高层次的呈现，在使用欣赏时能引起深思，实现情感或精神上的共鸣。在文创设计中开发者可以选用荆楚文化中的成功人士，如东汉的汉光武帝刘秀，东汉著名的文学家王逸，其所著的《楚辞章句》，是《楚辞》中最早的完整注本，这些素材都可以为中年人群体设计文创产品提供符号媒介，匹配中年人在社会角色中的地位和价值，最重要的是可以满足其较强的自尊心，符合其人生阅历。

（4）老年人

老年人是指处于60岁以上的人群，相比于青年人和中年人，老年人身体的各项生理指标都在衰退和降低，各种感觉器官逐渐失去灵敏性，因此行动和反应速度均变慢。老年人基本处于退休年龄，脱离了工作的环境，交际范围也逐渐变窄，活动范围也在缩小，日常沟通交往方式的明显变化可能会让老年人感到不适，心理会有较大的落差感和失落感。

因此，老人有时会表现出小孩子脾气和性格的一面，想要通过各种方式引起他人的关注，需要他人的关爱。另一方面，老年人奋斗了多半生，有了一定坚实的经济基础，同时，他们也有着充足的时间和精力去做自己所热爱的事情，他们更能够享受做一件事的过程和体验，不会考虑一些现实的事情。虽然处于老年阶段，但老年人最不愿听到他人说自己老，他们想通过各种方式向年轻人证明自己依然精力充沛，活力十足。

　　文创产品的开发和设计者应当综合老年人的这些身体与心理上的特点，在文创产品上多展现温馨而富有关爱的元素，可以将更多包含家庭的文化元素呈现在产品设计之中。另外，老年人体验过艰苦的岁月，经过各种磨难的洗礼，因此会对革命题材的文化元素有更深刻的理解与认同。文创产品开发者可以选择将荆楚红色文化元素融入文创产品之中，再现当时的激烈场面与激情的岁月，如利用在武昌打响第一枪的辛亥革命的文化元素，再如文创产品之中可以加上"八七"会议、刘邓大军挺进大别山等革命文化元素。可以想象得到，老年人在把玩一件包含这些文化元素的文创产品之时，会勾起多少难忘的峥嵘往事，会谈起多少曾经的岁月情愁。

　　老年人逐渐脱离主流社会的生活，但内心并不甘于被时代和社会所抛弃，他们需要一个契机来重新点燃内心未泯灭的激情火焰。而荆楚文创产品可以为老年人提供这样一个机会，让他们重新回忆起当年的奋斗与青春，重拾对生活的希望与渴望，通过一件文创产品，老年人与年轻一代也会有更多的沟通交流的机会，为其讲述更多发生在自己身上或是发生在自己身边的故事，或是与老友一起重温当年的战友或是同事情谊。而老年人一旦对生活充满信心后，才会以更加积极的心态享受生活。若一件文创产品可以给予老年人这些感受与体验，老年人也会更加愿意选购这样的产品，可能这时文创产品对于老年人来说，就不只是一件产品，而更像是一位知己的老友，它有故事，而老年人更懂故事的情感。考虑到老年人视力减弱，文创产品开发设计者还应当注意将文创产品的各个设计元素尽可能设计得清晰易辨识，涉及有字体时还应当适当调大字体，但并不要夸张地进行放大，不要第一印象给人感觉这是一款针对老年人而出的产品，如此反而会招致老年人反感。产品的开发者应当充分考虑到老年人的想要得到他人认可，但同时也不希望他人将自己当作弱势群体看待的心理，充分调动老年人的生活积极性，发掘老年人的喜爱并通过文创产品设计的方式满足其最大化需求是优秀开发者需要不断探索的事。

4. 职业定位

职业定位是文创产品开发者在进行文创产品设计前，首先要确定文创产品的设计方向和营销方向面向什么样职业群体，是公务员、教师、学生，还是军人、工程师、医生等，针对不同职业的人群，文创产品设计所遵循的设计理念与设计思路都不尽相同。

此外，开发者还应当关注竞争者的市场空白地带，寻找市场的机会点，兼顾自身特点与能力，制订设计开发的具体方案。如针对于军人，则文创产品设计中应融入战争题材的内容与故事，如武汉保卫战、中原突围等；而针对于教师，可以选用荆楚文化中历史与人文气息浓厚的文化元素，如云梦古泽、东汉著名文学家王逸、古隆中、赤壁、长坂坡等具有历史文化元素的内容，可以彰显教师的文人气质，但这也并非绝对，教师并非只有一个身份，同时还要考虑教师的其他诸如家庭中的身份，任何职业身份的人群都不应只框定其固有的一个角色，在社会之中，每一个职业都有其他的身份认同。中小学生的求知欲旺盛，对于周围世界充满好奇，文创产品的设计者应当将丰富的荆楚文化融入产品中。例如，汉川善书、湖北大鼓、阳新布贴、通山木雕、黄梅县的挑花和木版年画等，这些具有历史与人文气息的元素都可以勾起学生的兴趣。在进行文创产品设计时，开发者不仅要考虑丰富的文化元素的融入，同时也要考虑产品的趣味性表达，学生毕竟处于生长发育阶段，心智未完全成熟，需要一些趣味性强的事物先引起其兴趣。针对工程师或是喜爱理工，具有工科思维的人群来说，可以选取荆楚文化中的三峡枢纽工程以及长江三峡世界上最大的人工湖作为文创产品设计的元素，宏伟大气的结构，巧夺天工的设计，都可以给人以震撼的直观感受。

所选定的人群，并不是只有这一群体的人才会选择这类文创产品，开发者在设计之时只是侧重于这一人群进行设计和开发，其他群体的人同样可以根据自己的喜好来自由进行选择，每个人都有不同的个人喜好，并且个人的喜好也会随着时间或环境的变化而发生改变，有些人可能倾向于尝试不同的新鲜事物，而有的人可能更偏爱单一的喜好。

5. 阶层定位

社会之中包含不同的社会阶层，而不同的社会阶层对文创产品有着不同的喜好与心理需求。对于不同知识阶层的人群，文创产品的开发者应当秉持不同的产品设计开发理念，以满足其差异化的产品需求。高知阶层的人群有着丰富的知识储备与文化修养，对于历史、文化、社会、人类等都有着较深的认知，也由于这个原因，这一群体有着不同于其他群体品味与对事物更高的追求。因此，对于高知阶层人群来说，在荆楚文创产品之中可以更多地体现丰富且有内涵的文化元素，炎帝神农氏的神话传说与故事、秦汉时期的云梦古泽、三国时期的历史古迹——赤壁、古隆中、长坂坡，以及这些年关注度越来越高的红色文化，都适于高知阶层人群。不只是融入荆楚深厚的文化底蕴，同时也饱含寓意深远的传统造物的文化传承"智慧"。

而中知人群有着一定量的知识积累与储备，对传统历史与文化有一定自己的认识，针对这一人群可以为其设计一些文化深度适中的文创产品，较容易理解的同时也可以保有一定的文化内涵，武当山、大别山、黄梅五祖寺、当阳玉泉寺等具有一定历史与人文特点的名山古寺可能会是最佳的选择。中知人群对具有文人气质的元素具有一定的兴趣的同时，也没有过多的书生气息,而自然风景之中自带的历史元素,不会让人刻意地认为是为历史文化而来,自然也就少了一些欣赏和把玩的负担。

文化水平较低的人群,所具有的文化素养通常较低,对于一些与文化和历史相关的一些元素通常不感兴趣,但有时可能也希望表现出自己尊重知识与文化的矛盾一面,但这并不影响这一类群体对于美的器物的喜爱。荆楚文创产品的设计者可以将一些直接表达的文创产品,用最简单的方式进行呈现,反而会收到更好的效果,或选择一些乡土气息较为浓厚的传统文化元素,例如汉剧、楚剧、湖北评书、汉滩小曲、黄梅采茶戏等,这些与人们日常生活关联最为密切的荆楚文化元素,可以最大限度地引起这类人群的兴趣,他们关注生活与人际日常多过其他方面,同时,他们也更关注自己的生活质量与生活中的乐趣,他们不希望日常生活之中只有枯燥的工作或是单调的生活,一些接地气的文化形式或是传统艺术表现形式正好可以满足这类人群的精神需求。

上述只是从知识以及受教育的程度等方面来将消费群体进行划分,但这并不是唯一的标准,还可以从审美等其他方面来再进行划分。总体来说,对消费群体进行阶层的划分,目的是要在同一个标准下,针对不同的阶层的人群,文创产品的开发者应当采取不同的设计理念与设计思路,在设计层面上区别对待每一个阶层消费者,只有做到更有针对性地进行文创产品设计,才可能从本质上满足消费者的底层需求。另外,在市场定位中,以一个标准对消费人群进行分类,要建立在大量调研的基础上,没有一定数据作为支撑而进行的人群分类,说到底只是一个主观的行为,这样的分类通常也不会有太大的参考价值。在进行阶层划分时,文创产品的开发者还应当有更为全面的整体意识,在划分阶层之后,要经过仔细而周详的数据、资料的分析,结合开发者自身实际设计开发能力,综合各方面的因素后,再选出最适宜的目标群体,文创产品的设计与开发要在开发者的能力范围内,同时目标消费群体的规模也要达到一定的程度,以便可以最大限度维持文创企业或公司自身的生存与经营。

综上所述，文创产品的市场定位从五个方面来详细介绍了开发者如何通过不同的市场定位方法来进行文创产品的设计与开发。但五种方法也并不是孤立存在的，它们彼此之间也存在着交叉点与结合的部分。例如，文创产品的开发者在完成区域定位后，紧接着会考虑在这一区域之中再具体针对什么个性、什么年龄段、什么职业以及什么阶层的人群。在不同的情况下，文创产品的开发者会选择不同的营销策略，可以在进行产品定位之后，再针对不同的消费群体进一步确定设计理念与思路。个性定位中可能包含不同年龄段的群体，而不同职业中可能也会涉及不同阶层的群体，而同一个年龄段的人群可能同时会涉及职业的区分与阶层的划分，同时，也包含着不同的个性需求。当这些区分标准糅合在一起时，文创产品的开发者需要考虑主次的先后顺序，将主要因素放在重要的位置，次要的因素置于设计之中相对次要的位置，在体现主要因素的基础上要尽可能地兼顾各种因素，既有突出的重点，同时也能照顾到更多的群体。荆楚文创产品的开发的本质是在传承荆楚优秀文化，借鉴传统造物中的智慧，最大限度地满足目标消费群体的需求，并尽可能获得最大范围市场的认可，荆楚文创产品所服务的对象主要是消费者，此外，还有可以影响到的其他人群，借由文创产品的媒介，可以将传统文化进行更广泛地传播。

二、产品定位

通常人们理解的范围内，产品定位与市场定位同属于一个概念，但实则此二者之间存在着一定的区别。市场定位前文已作详细的阐述，其是文创产品的开发者针对目标消费群体和目标消费者市场进行产品的设计与研发；而产品定位是开发者为满足目标消费群体和市场确定生产什么样的产品。从理论上来说，应当先有市场定位，而后再有产品定位，先确定应当销售的市场范围和所针对的消费群体，而确定要以什么样的产品来满足目标消费者和目标市场的需求。

在研究产品定位前，这里涉及一个概念——品牌定位，品牌定位是以产品为依托，是建立在产品之上的，在满足消费者生理和心理需求的同时，可以在消费者心中建立起一个独特而又鲜明的形象，从而可以在消费者心目中占据一个有利的价值位置。品牌定位针对于产品品牌，其核心是创造品牌价值，因其必须以产品的形式来实现，因此，品牌定位也必然在产品定位的内涵中。

文创产品的定位就是在产品设计与推广上市前，通过营销手段或是广告宣传的方式，让文创产品在消费者心目中形成一个独特立体的形象，以让消费者在选购文创产品时，可以通过形象化和符号化的形象的塑造而更快地做出购买决策，省去消费者多余的时间、精力和信任成本。产品定位建立在市场定位的基础上，市场定位是产品定位的前期指导。产品定位的目的就是在消费者心中建立一个具象、清晰、立体的形象，以帮助消费者更快速地获取产品信息，获取对产品的信任度，更快地做出选购决策。具体来说，文创产品定位可以从理念、基本原则、方法、步骤四个方面来详细地进行阐释，如图6–3。

```
                                            ┌─ 文创产品在目标市场的地位
                        ┌─ 文创产品定位的理念 ─┼─ 文创产品在营销中的利润
                        │                   └─ 文创产品在竞争策略中的优势
                        │
            荆楚文创     │   文创产品定位的    ┌─ 适应性原则
            产品的定位 ──┼─     基本原则    ─┴─ 竞争性原则
                        │
                        ├─ 文创产品定位的方法
                        │
                        └─ 文创产品定位的步骤
```

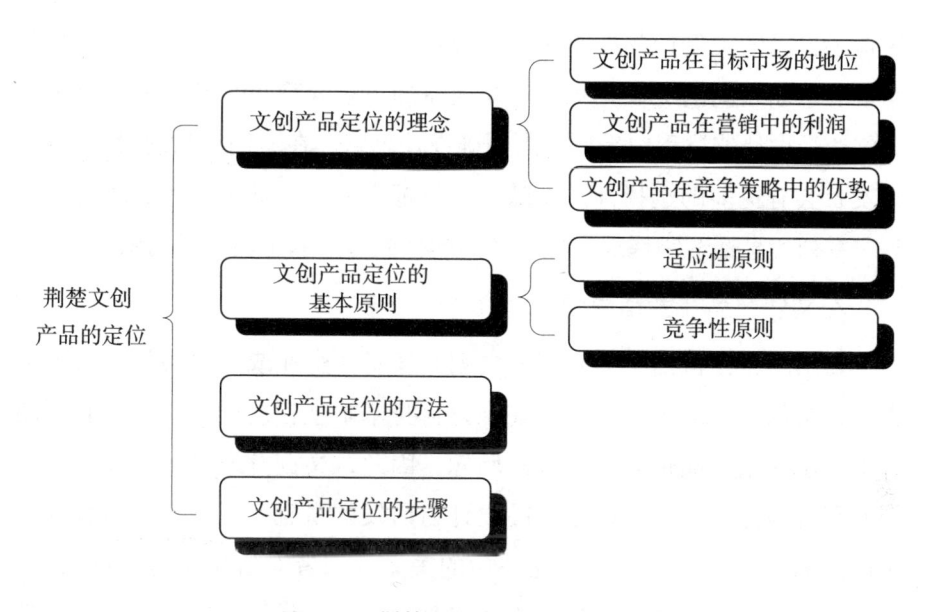

图 6-3　荆楚文创产品定位示意图

（一）文创产品定位的理念

1. 文创产品在目标市场的地位

首先，文创产品的开发者需要确定所设计的产品在目标市场中应当处于什么样的地位，这需要开发者前期对目标市场进行大量的市场调研，分析市场中存在的竞争者，以及竞争者更为详细的情况，如竞争者的产品特点、产品主要针对的消费人群、产品的销售情况、消费者对该产品的接受程度、产品在市场中的份额等信息。在所能搜集的信息范围内，文创产品的开发者应对现有的信息和数据进行全面而系统的分析。此外，开发者要明确自己所设计的文创产品的特点、竞争力、预期的市场反馈、预期的消费者接受度等情况。再综合自身与市场的各方信息与分析结果，最终确定文创产品在目标市场中的地位。

明确了产品在目标市场中的地位后，文创产品的开发者可以将注意力聚焦到更小的范围，后期文创产品的设计与开发的思路也会更加明确。

知道了自己的文创产品在市场中的位置后，开发者也会清楚自己产品与竞争者产品之间的关系，自己产品大概的市场表现也会有一个预判。在文创产品设计的过程中需要不断明确设计思路。在文创产品的设计之初，开发者会有更多的选择性，而随着对目标市场、目标消费者、自身产品等一系列信息逐渐掌握后，文创产品的样貌与形制也会愈加清晰。

2. 文创产品在营销中的利润

文创产品在营销中的利润是文创开发者、企业或是公司生存的基本支撑，文创产品的开发者只有在维持自身基本生存的前提下，才有可能再进一步谈论产品创新与发展的问题，因此，文创开发者首先需要以自身的利益为出发点，再谈论产品设计与研发的事宜，但开发者所获利润与产品的设计研发并非是一先一后的关系，二者有着密不可分的关系。开发者若花费较大精力来进行文创产品的研发与设计，所形成的产品必然会因为优质的质量，而得到市场的最大程度的认可，而假使文创产品的质量本身就不过关，市场或消费者普遍不认可该产品，也就更谈不上利润。因此，开发者所收获的利润是以文创产品质量过关为前提，这是支撑开发者后期对文创产品再进行升级换代的基本保障。

此外，文创产品在营销中的利润也需要开发者分析各方因素而最终确定。若利润定得过高，文创产品销售的价格也会相应变高，目标消费者对文创产品的接受度可能会降低，所定利润要与产品本身的价值相匹配，这里要考虑文创产品的成本问题，因为成本直接影响着文创产品的选材用料和设计元素落实等问题，而这些也直接影响着文创产品设计理念的选择。因此，可以说，文创产品设计的产品定位过程中，从文创产品的前期市场调研、评估论证、市场定位与产品定位、创意设计与研发、产品材料的选取、批量化生产、营销方案的制定等产品产销等一系列流程，都有着密切的关联性，"一发不可牵，牵之动全身"[1]。而若文创产品

---

[1] 刘兰英.中国古代文学词典 第5卷[M].南宁：广西教育出版社，1989：632.

在营销中所定利润过低，不足以覆盖产品的设计、研发、生产等一系列成本，则文创产品也难以长久留存，开发者的利益也无法得到保障。因此，在营销中，文创产品的利润应当定在一个合理的区间，同时保证开发者与目标消费者的利益。

3. 文创产品在竞争策略中的优势

文创产品最为侧重的就是其自身所具有的文化元素与创意设计，这也是在激烈竞争中可以体现出的最明显的优势。开发者应当注重产品的创意与文化融入，并要将二者有机地结合在一起，这也是荆楚文创产品设计与开发中最为重要的环节。文创产品之间的差异与区别主要在于文化与创意，而荆楚文创产品的研发与设计本身就已经拥有着自己文化的独特性，而这也是开发者最要加以利用的一个方面。另外，在荆楚文化元素融入的基础上，开发者还要体现自己的设计理念和审美情趣，同时也要将传统造物智慧的理念融入文创产品的效果之中。这些可以展示荆楚文创产品优势的因素，在运用的过程中，要注意彼此之间的协调与平衡，让所有选用的元素都围绕在一个主要的设计理念。文创产品优势的发挥需要将所有的资源与精力都集中到一处，避免因为设计思路的过于分散，而造成主题性不明确。

开发者在制定竞争策略时，应当对市场、竞争者甚至自己有一个清晰且深入的分析，在充分调查与研究后，制定出较为详细且完整的竞争策略。竞争策略中要充分体现文创产品的优势，并以优势指导其他设计开发环节的实施。

综上所述，荆楚文创产品定位的理念首先找好文创产品在目标市场的位置；其次，要控制好利润与成本；最后，要明确产品优势，并要围绕优势进行产品设计与开发。在进行荆楚文创产品的定位时，应当面向市场，目前荆楚文创产品在市场上并未形成系统的、有辨识度的、有代表性的产品，其原因主要在于没有找准文创产品在市场上的位置，不清楚市场需求。此外，在进行产品设计时，也没有充分了解自身的产品特性以及所包含的文化内涵,因此,不能更灵活地加以运用,致使产品的最终设计针对性不强、特色不鲜明、辨识度不高。只有围绕荆楚文创产品自身准确定位、保证合理利润、发挥产品的竞争优势,同时,还要深入挖掘荆楚文化自身的独特性,筛选并提炼具有代表性的元素,将其融入产品设计中,以收获最佳市场反馈。

(二)文创产品定位的基本原则

1. 适应性原则

(1)文创产品的定位要满足消费者的需求

产品的本质就是为消费者提供便利,满足消费者的需求,为消费者服务。它是开发者通过文创产品来为消费者提供服务。文创产品的主要设计目的就是满足不同消费者各种各样的需求,包括物质需求与精神需求。开发者在进行产品设计时,应当站在消费者角度来反观所设计的文创产品,换位思考的方式可以让设计者从自己本身的主观范围跳出,在客观视角上重新对产品进行审视。但开发者也应当把控好适应性原则的尺度,一方面要最大限度地满足消费者的需求,包括消费者心理与精神等层面;另一方面,开发者也要保证文创产品自身的特点与文化内涵,一味地迎合消费者也会让开发者迷失产品设计的方向,开发者需要平衡二者之间的关系。

(2)文创产品的定位要结合开发者自身设计开发的能力

在满足消费者各种需求的基础上,开发者还应当考虑自身的设计与开发的能力。开发者不可能完全满足消费者的所有需求,因此,开发者在取舍中应当有所侧重,并兼顾自身的能力与资源。开发者需结合自身所长,最大限度满足消费者需求。

2. 竞争性原则

竞争性原则也可以称作差异性原则,文创产品定位并不只是由开发者一方自行确定,而是要根据竞争者的情况来确定自己产品的定位,如竞争者的数量、竞争产品在现有市场上的表现、竞争产品的种类和数量等信息。只有充分了解了市场与竞争者的情况后，开发者才会更有针对性地进行产品的研发与设计，避免不必要的竞争风险以及竞争成本。虽然是竞争性原则，但其主要用意是要规避不必要的精力消耗与成本投入，将有限的时间与资源投放到可以产生最大价值与利润的环节。

开发者应当对现有的信息与数据进行充分地分析与判断，而后找寻市场中存在的空白领域，结合自身情况考虑是否可以填补市场空白。这里所说的市场空白不只是指代没有竞争产品参与的市场，还可以是竞争产品已覆盖，但并未完全覆盖的细分小市场，所涉及的消费者没有得到全部的满足，仍留存着一些机会点，开发者可以对其进行深挖。

（三）文创产品定位的方法

文创产品定位的方法可分为七类，如图6-4所示。

```
                    ┌─ 差异定位法
                    ├─ 消费者定位法
                    ├─ 使用定位法
文创产品定位的方法 ──┤─ 利益定位法
                    ├─ 分类定位法
                    ├─ 关系定位法
                    └─ 主要属性定位法
```

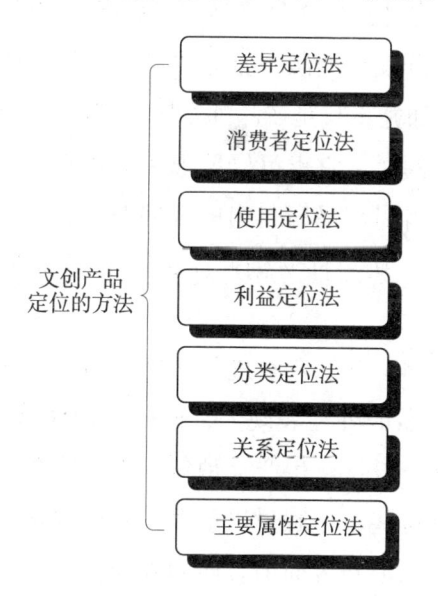

图6-4　文创产品定位方法示意图

1. 差异定位法

差异定位法是一种极为有效的产品定位方法，其建立在开发者对现有的市场与产品信息充分掌握的基础上。信息的采集、获取、分析是差异定位法中的关键，如果对信息掌握的不全面、不准确、不真实，则对数据分析而得出的结论就会脱离实际，而后所制定出的产品定位策略也就没有任何可利用的价值。因此，前期的市场调研的关键性与重要性不言而喻。开发者在分析出现有市场的情况后，再根据竞争产品的表现，不做简单或高级的模仿。如今，消费者对于文创产品的个性化与定制化的要求也越来越强烈，消费者想展示自己与众不同的一面，而荆楚文创产品可以通过荆楚文化和传统造物智慧的融入，带给消费者精神层面的满足与体验。不只是在文创产品的设计上要进行差异化定位，在产品后期的服务以及产品配套的一系列环节上，都要配合文创产品进行与主题与内容相关的流程设计。使文创产品不只局限于产品一个方面进行表现，同时也应当体现出开发者团队、企业或是公司的整体形象设计。一件文创产品带给人的感知并不只是产品外在所表现出的设计元素、包装设计、产品构造等内容，同时，它也可以展现一个企业、一个公司或是一个文创产品的设计开发者对产品所付出的全部努力、心血、时间、精力、灵感、服务、成本等，从一件文创产品中可以感知到诸多丰富的信息与内涵。

也正是这个原因，开发者在进行文创产品设计之时，不应当只把注意力关注到文创产品的外在表现上，而应当像对待文创产品设计一样，关注文创产品研发、设计、生产、销售、售后等各个宏观层面和微观层面的事项。而所有这些工作和付出最终都会体现在文创产品上，以一种整体性的效果展现在消费者面前。而差异定位法的观念同样也应当融入文创产品的各个环节中，所有这些差异化的细节最终以差异化的形式呈现在文创产品中。

2. 消费者定位法

消费者定位法，是在文创产品真正上市前，可以找寻几个有代表性的目标消费者来真实体验文创产品的整体感受，开发者针对于消费者对文创产品使用的感受，可以进一步对文创产品进行调整和改进，通过消费者在使用或欣赏文创产品的表情反馈、语言反馈或是行为反馈，开发者可以直观而真切地感知消费者更为真实的心理诉求，因此，也就更容易针对有待提升的部分进行调整或是进行重新设计，解决方案也会更有针对性。

消费者定位法是一种更直接且更有效的产品定位方法，但在选择接受体验的消费者时，应当选择有代表性的，可以反映真实使用情况的消费者，在成本允许的范围内，可以多选一些消费者来进行产品的使用体验，以规避过于主观的产品评价与体验感受。

在进行消费者定位法前，开发者需要做好前期的准备工作，如制定消费者体验评价表、选取文创产品体验的消费者标准、制定后期调整预案等。而后对消费者所提建议以及消费者的使用情况等信息进行汇总与分析，最终制定改进方案。

3. 使用定位法

使用定位法是将消费者如何使用或是欣赏文创产品以及通常何时使用文创产品进行定位的一种方法。这种方法考虑到了产品的使用场景等问题，针对于不同的场景，文创产品在设计时，会有不同设计要求。例如，对于白天使用还是晚上使用，产品会有不同的功能设计，若晚上使用，文创产品需要加上必要的照明装置，或是选用亮色，以提高文创产品的光线平衡度与协调性，文创产品设计出的效果要让人有身心上的舒适感，并要有审美上的享受。虽然是利用使用定位法，但不可只针对一个方面来进行文创产品的设计，应让文创产品在更大的范围内适应各种不同的环境以及场合。一件文创产品所涵盖的信息与使用场景毕竟有限，不可能面面俱到。因此，对于影响文创产品使用场景的因素要有针对性地进行取舍，将主要因素置于设计的首要位置，而将相对次要的因素排在其后。

4. 利益定位法

利益定位法主要是通过对消费者需求、心理预期、精神需求等进行产品定位的一种方式。利益定位法关注的是消费者特征，其中包括产品的品质、价格、选择性、服务等。如果产品可以为消费者提供差异化的感受或体验，并且这种感受或体验是其他竞争者所不能提供的，则文创产品的生产和开发者就占据了文创市场的有利位置。文创产品的品质与价格是消费者所关心的重要的特征，在此基础上，再进一步，就会上升到产品价值的层面。文创产品的开发者为其产品赋予一定的内涵价值，无形中为产品提升认知层次。文创产品的价值，有助于在消费者心目中产生一个独特形象，利用这一独特的形象设计和价值提升，可以帮助文创产品在竞争市场上找到绝佳的切入点和立足点。

提升产品的价值，同样是为了满足消费者的需求，消费者所需要的不只是文创产品的外在展示和基本功能属性，他们会更关注文创产品的内在价值和产品更深层次的内涵与意义。消费者期望自己热衷的产品会有多层次的含义与价值，相比于品质与价格，文创产品的价值有助于让文创产品更为长久地在市场和消费者心中留存。

文创产品的价值创造并非一朝一夕之功，它需要在时间上进行积累，并且所谓的"价值"为消费者所认可，并不是开发者自我定义的价值。例如，在荆楚文创产品之中融入炎帝神农氏的文化元素，可以赋予其勇往直前、勤奋实际的价值取向。又如清江巴土文化元素中，包含热情、勇敢、质朴、善良、勤劳等价值观。这些优良品质可以随着文化元素呈现出的符号化的印记，刻录在文创产品中，长久保存。

5. 分类定位法

分类定位法是一种极为常用且有效的定位方法。在文创市场上，文创产品的开发者并不是针对于竞争者来展开竞争，而是针对于同类型文创产品进行竞争，这就需要将文创产品进行有效的分类，明确自己生产的文创产品属于哪一产品类别。这一类型产品具有哪些特征，市场占有率如何、消费者的认可度是否高。分类定位法在执行的过程中，可以不断缩小文创产品开发的选择范围。同时，分类定位法也可以帮助文创产品的开发者了解文创市场的整体情况，寻找新的机会点与设计思路，此外，也可以帮助开发者认清本类型的文创产品与其他类型的产品之间存在着怎样的关系，这种关系是否可以被加以利用，转化为自身进行产品设计的灵感。开发者在进行分类时，也可以对文创产品有更多的理解与认识，不同类型的产品可以帮助开发者对文创行业有更进一步的理解。对各个类型文创产品特点作进一步深挖时，可以梳理出每一类产品所具有的特点和优势。

6. 关系定位法

关系定位法意指当文创产品没有自身特色以及更深层次内涵意义时，只能通过广告和营销方式进行宣传推广。当文创产品与其他产品没有明显差异性时，可以通过感性的方式来推广文创产品，而往往这时的关系定位法又是最为有效的。开发者不能保证每一件文创产品都有独到的设计，这时通过广告宣传的方式赋予文创产品情感、意义与价值，成为弥补产品自身不足的一种方式。通常来说，最难为感性元素进行定义，感性元素为文创产品赋予价值的方式也不容易道明，但其为文创产品营造出的意义与价值，有时在人心目中可以维持较长时间。有时甚至文创产品本身并没有实际的功能和审美特性，但消费者认为产品本身有其价值，这件产品也就有其存在的意义。人是感性动物，容易因为某一原因而对一个事物产生感情，可能是这个事物的某一个点戳中人内心最柔软的部分，还有可能因为这件产品在一个恰当的时候出现，就对产品产生特殊的情感。

7. 主要属性定位法

通常来说，文创产品自身有着独特的属性及特点，开发者侧重其中一个特点的设计开发，主要强调这一特点所带来的积极影响。以文创产品的主要属性来进行定位，可以帮助消费者明确产品的主要属性及功能，同时也可以帮助开发者团队明确文创产品的定位，这时开发者与消费者都可以因为锚定的同一个主要属性来进行有效的沟通。这是一个有效的为产品定位的方法，通过此法，可以给开发者带来其他灵感，开发者为文创产品所确定的属性并不是固定不变的，可以根据市场动向、消费者喜好、企业或公司发展方向等因素的变化来对文创产品的属性定位来进行相应地调整。但需要注意的是，并不是随意对文创产品进行定位的调整，就可以收到意想不到的效果，因为消费者一旦接受一个定位，则很难在其心目中改变其已形成的固有印象，除非这个定位在原有定位基础上，丰富了原本文创产品的价值与意义。

（四）文创产品定位的步骤

文创产品定位可分为五个步骤，详细流程如图 6-5 所示。

1. 分析自身与竞争者的产品
2. 找准主要目标市场
3. 将产品特征与目标市场需求相结合
4. 找出差异性
5. 分析主要目标市场特征

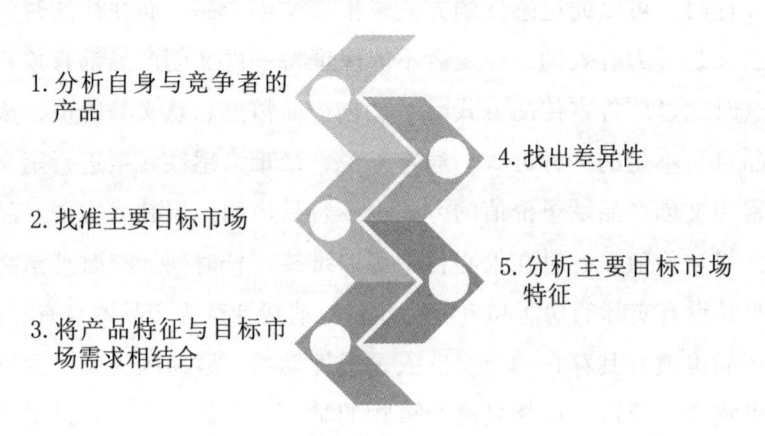

图 6-5　文创产品定位步骤示意图

1. 分析自身与竞争者的产品

文创产品在进行定位前,应当充分收集竞争者在文创市场上的表现、其文创产品所具有的特点、文创产品的市场占有率等相关信息,以及一切与文创市场、竞争者、竞争产品有关的信息与资讯。而后对收集到的信息与资讯进行分析和研究,得出较为全面且详细的分析报告。

2. 找准主要目标市场

只有确定了文创产品所投放的市场,才可以进一步缩小文创产品设计的范围。只有先确定了市场,再确定文创产品的定位,才更有针对性,侧重点与目标才可以更明确。文创产品设计中的很大一部分工作是进行前期的市场调研,找准文创产品的方向,目标市场定位得准确与否直接影响着文创产品的设计与研发,数据收集、整理、汇总等一系列环节都要分析处理得当,这些工作与文创产品设计研发有着同等的重要性。就像一位狙击手打靶子,最重要的是准备工作以及瞄准的动作做到位,如此一来,扣动扳机后,才可能准确命中靶心,找准主要目标市场的过程就类似于瞄准靶心的过程。

目标市场可以有多个,但对于一家文创企业或公司来说,只能将精力与资源投放到一个主要的目标市场之中。若文创产品所定位的目标市场较多,容易造成全而不专的局面,开发者在进行文创产品设计时,精力容易分散,主题可能会不明确。

3. 将产品特征与目标市场需求相结合

文创产品设计中的一部分的内容就是要满足目标市场的消费者群体的需求,一件文创产品能否在市场上留存更长的时间,取决于这件产品能够在多大程度上满足目标市场的需求。开发者应当以目标市场为导向,在产品的功能性、审美性等方面投入与之相应的精力与时间,将文创产品的设计逐渐贴合目标市场对产品的期望。

整个文创产品定位的过程,就是一个让文创产品所表现出的特点与目标市场的期望不断贴合的过程，当二者可以完全贴合在一起时，是开发者想要达到的一个最佳状态，但在此之前，开发者所做的一切工作都是为了达到这一状态。

4. 找出差异性

根据得出的分析报告，寻找自身文创产品与竞争产品存在的差异性，差异性并没有好与坏之分。当时看起来是负面的差异性，可能在另外一个时间点就会转变为正面的差异性。文创企业或公司最为关注产品的差异性，竞争力也来源于此。

5. 分析主要目标市场特征

实际上，在找寻目标市场的过程中，文创产品的开发者就已经对文创市场有了一定的了解，并且通过一些数据以及信息的分析，知道目标市场的一些基本情况，如市场规模、市场需求、市场活跃度等。了解主要目标市场的特征可以让文创产品的开发者梳理出文创产品设计的大概思路和理念。

三、文化定位

荆楚文创产品设计将文化符号与现代技术相结合，并非简单的重复以及静态地照搬，而要将传统造物智慧以及荆楚文化中的相关元素进行重新的组合和再创新，甚至再创造，让其产生新的生命力。同时，在进行荆楚文创产品设计时，应当充分考虑产品设计的目的性，并结合文化符号的内涵意义，以及产品的特性。文化定位要侧重于荆楚当地的文化特色，以荆楚地区当地漫长而悠久的历史发展为基础，同时，也要考虑将荆楚当地文化与时代性相结合，满足时代发展，贴近人们的日常生活，从实际出发，着眼当下，让传统与现代进行完美地融合。

其次，在提取与文化符号相关的色彩、形状、肌理等一些关键性要素时，应当利用文化符号所特有的表现手法进行呈现，诸如和谐、对比、夸张等手法的使用，使得荆楚文创产品呈现出艺术设计的美感。

另外，文创产品设计可以赋予文化符号新的形式，运用新的技术和新的工艺，来营造新的视觉效果以及实用效果。

文创产品设计在本质上是一种文化创造，同时也是一种文化的策划活动，这是将科学技术与社会文化或是民族文化结合在一起的新产品创造的过程，也可以理解为这是一次在知识综合基础上的文化整合过程。文化定位可以看作是将文化内涵与内容重新进行梳理与聚焦的过程。就这一方面来说，自然与荆楚文创产品的设计目标和设计理念相吻合，并围绕文创产品的设计主题，筛选文化相关内容与元素。在将文化元素重新进行整合的过程，文创产品的设计师可能会发现新的创新元素，产生新的设计灵感。就如今的文创产品来讲，创新也并非凭空地进行创造，大多时候都需要在原有设计元素和优秀作品的基础上，进行一定程度的改进与改良，有时一件文创产品的设计中可能包含以往相关产品的设计理念或设计元素。

确定文化定位，可以为荆楚文创产品设计确定一个大的文化方向，也就是传统造物智慧和荆楚文化，在概念上划定传统造物智慧的范畴，而在地域上则以荆楚文化为中心。确定了大方向后，文创产品设计师可以在更小的范围内无限发挥想象力，明确主题，便不会偏离整体设计思路。

文化定位中产品所表达的意义，主要目的是做到文创产品与人之间的沟通与情感交流。文化在文创产品设计中的作用，可以体现在产品的意义表达，可以通过产品的形态与构造技巧来呈现，文创产品在完成基本的实用功能的同时，还可以传达出产品内在的审美、艺术性、文化内涵等深层次的价值内容。更进一步，文创产品，除了以上提到的深层次价值内容外，还可以呈现象征性价值以及心理价值。文化本身就带有象征性的意义，此外，文化进行符号化的呈现之后，同样所具有的象征效果更加明显。象征性最适于表达抽象事物，而文化作为抽象的概念，更适于被完整地呈现。而在具体的呈现时，可以有多种形式，更为灵活地展现。

四、审美定位

荆楚文创产品在完成市场定位、产品定位、文化定位的同时，还要进行审美定位。消费者可以首先感知到荆楚文创产品的审美元素，审美可以在第一时间吸引消费者的注意。

审美定位应结合荆楚文化本身所具有的代表性的审美形式，如线条、构图、色彩、视觉语言的组成方法，表达荆楚文化的视觉语言，并以此作为基础，在开发设计中，结合现有市场、使用群体的审美趣味等多方面的内容，将传统的形式有机地删减、融合、变换，满足市场需求的同时，传递出传统与创新的融合。例如，将荆楚文化中典型的龙凤图案融入产品设计中，可以通过简单的线条勾勒，刻画龙凤的典型形象；可以将龙凤形象与其他图案进行结合，在构图上以龙凤为主、其他图形元素为辅，创造更为丰富的图案设计；可以通过色彩的明暗、冷暖色调的对比等表现手法，呈现荆楚文化主题。

荆楚文创产品的开发者，可以在开始设计时，将审美因素考虑在内，贯穿于整个文创产品设计的过程，除了实用性功能外，审美功能也是荆楚文创产品设计的主要标准。审美定位可以作为文创产品整体设计的思路，指导诸如色彩的搭配使用、线条的处理、结构的布局等设计环节，荆楚文创产品的开发者甚至可以将审美标准作为产品设计的侧重点。

以审美标准作为荆楚文创产品的定位，文创产品设计的整个流程可以在审美的检验下趋向产品的整体性表达。荆楚文创产品的设计逻辑须是一个完整的表达，审美定位更注重在整体上诠释文创产品的内涵与精神。

审美并非凭空而出，而是需要建立在市场定位、产品定位、文化定位的基础上，将文创产品的各个定位环节最终统筹到审美的标准中，将市场因素、产品因素、文化因素在审美的范畴中得以充分发挥与施展。

审美在每个人的眼中都有不同的评判标准，这主要取决于个人的受教育水平和程度；工作、生活、学习的经历；个人的性格取向；以及进行审美活动时的情绪状态等因素。虽然人与人之间的审美标准不尽相同，但对于美的认知，大概率会有一个较为一致的判断标准。从某个角度说，人们对于一个事物的审美评判大致有一个共同的认知，这也就是大众审美标准的基础。荆楚文创产品的开发者所要做的就是把握大众的这个共同的审美标准，并以此指引文创产品的设计与开发。

大众的这个共同的审美标准是文创产品的开发者首要把握的一个方面，同时，开发者也应当充分理解和接受这个审美标准，如果开发者从内心对这一审美标准并不认同，则这种情绪会直接反映在文创产品的效果表达上，开发者在设计之时，思路也会因此而变得混乱，以及没有章法。进而，文创产品在色彩表达或是线条的呈现上，会直接或间接地反映出开发者或设计者不清晰的设计思路。

归根结底，荆楚文创产品的开发者是文创产品质量的关键所在，开发者在审美层面上应当有自己独到的见识，要具有一定的审美情趣和素养。开发者应当对他人的审美品味存有包容和理解的心态，每个人的审美品味自然不尽相同，但作为荆楚文创产品的开发者，其所设计开发产品的真正目的是为了让消费者接受和认可其文创产品，并能让消费者最终产生消费行为，因此，文创产品的开发者必须尊重并接纳消费者的审美需求，以最大程度服务消费者为主要标准。

除此之外，也并不是单纯地以消费者的审美品味和喜爱来简单决定文创产品的设计方向。荆楚文创产品的开发者还应当关注自己的审美判断，可以同时推出几款不同审美风格的文创产品，主要的侧重点是大众审美标准。此外，还可以关注小众群体的审美品味，以荆楚文创产品自身的独特性来满足这一部分小众群体的审美需求。另外，开发者还可以根据自己对审美的理解或是对审美趋势的判断来设计自己认为有市场的荆楚文创产品，在满足自己创作欲望的同时，可以尝试引领消费者的审美取向。

第二节　传统造物智慧融入荆楚文创产品设计开发的价值

传统造物智慧融入荆楚文创产品设计开发的价值可以分为五个方面：商业价值、文化价值、艺术价值、实用价值、美学价值。

一、商业价值

荆楚文创产品首先是一件商品，其产品的属性决定了它本身的商业价值。就文创产品而言，其商业价值是指在产品的创造、消费、交易过程中的经济价值。文创产品的商业价值通常都以货币的形式来表示，商业价值与市场价值有着不同的概念和范畴，文创产品的商业价值所包含的范围比产品本身的本体价值所包含的范围要窄。

具体到文创产品上，其商业价值可以体现在以下五个方面，具体阐述如图6-6所示。

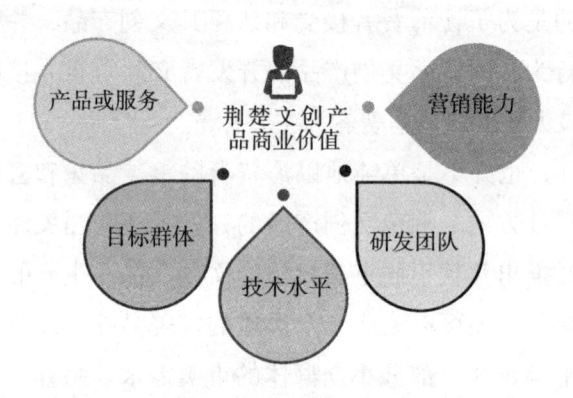

图6-6　荆楚文创产品商业价值示意图

（一）产品或服务

产品或服务可以通过将荆楚特色文创与荆楚地区旅游经济相结合，共同开启文旅背景下的特色文化创意产品设计，在这样的背景下，通过旅游活动中建立服务过程，在亲身体验荆楚特色文化、构建交互的过程中，消费者可以逐渐形成对荆楚文化的认识，同时，在了解的过程中，也会对荆楚文化产生一定的文化认同或喜爱，进而，消费者就会自主地选择购买喜爱的荆楚文化特色产品，同时，服务也在助力文创产品的售卖，文创产品成为服务环节中的一个服务体验环节点，产品与各服务点之间构成了一个完整的关联体系，二者之间形成了一种相互促进的方式，带动经济增长。

（二）目标群体

文创产品的商业价值还包括产品所针对的目标群体，这其中包括目标群体的大小、目标群体所涉及的对象和范围、目标群体的分布、目标群体的构成、目标群体的消费能力、目标群体的性别比例等一系列问题。目标群体也可以理解为文创产品的客户群体，这也是产品所辐射到的资本，属于产品商业价值的一部分。例如，文创产品的目标群体规模越大，则相应地，其商业价值就会越大；若文创产品的目标群体侧重于老年人群体，则老年群体的消费能力以及消费意识相对较弱，因此，分析其商业价值也不会太高。

（三）技术水平

文创产品其本身所含有的技术能力、质量水平等一些技术、质量等方面的要素，也可以作为衡量文创产品商业价值高低的一个指标。对应地，文创产品所包含的技术水平高，所具有的商业价值相应地就会变高；相反地，若文化产品所包含的技术水平一般或是较差，则所具有的商业价值相应地就不会太高。文创产品的技术水平可以体现在产品的设计之初,产品通过何种理念以及何种技术手段来构建产品的整体设计框架,原则上,技术水平可以体现在产品设计的各个环节,以及生产设计的每一步流程上。消费者在使用产品之时,可以通过切身的体验来感受产品内在的技术水平。

(四)研发团队

研发团队的实力可以体现出产品的商业价值,文创产品或是服务整体给人的感观效果如何,是否可以表现出是一个优秀的产品,其背后的逻辑,是研发和设计这款文创产品的研发团队的整体实力的体现。研发团队的人员素质如何,整体团队运转的效率是否较高,团队在研发、设计、创新等能力上的综合表现如何,市场或是行业内部对于一个研发团队的认可度和评价,都可以影响这个研发团队所生产的文创产品的商业价值。一个强有力的、综合研发能力较强的、组织协调能力强、运转高效的研发团队,其产品的商业价值相应地就会高;相反地,一个研发团队综合表现能力较差,则其产品的商业价值就会变低。

(五)营销能力

一个文创产品,在其产品或服务的质量保证表现出色、目标群体定位准确、技术水平精益求精、研发团队的综合实力较强的前提下,产品如果想要在市场上有一个良好的表现,在产品运营方面则需要一定程度的营销能力作为支撑。一个营销能力强的文创产品团队,其所蕴含的商业价值相应地也会更大。酒香也怕巷子深,一件完美的文创产品,如果没有一个好的营销策略,也将不会产生出色的销售成绩。

提高荆楚文创产品的营销能力,可以从全产业链运用楚文化元素入手。文创产品的开发过程包含着文化的参与,从最初的创意构想,到中间的制作过程,直至最后文创产品的销售方式,文化都是重要的催生剂,因此文创产品开发整个过程都应该围绕文化这一核心元素展开。荆楚文创产品开发流程由文化符号挖掘、产品设计、产品生产和产品销售四个节点组成，这四个节点都应该以文化为线轴，通过文化将这四个节点串联起来，在节点的每一部分都需要与文化进行融合。

荆楚文创产品的文化核心是独具地域特色的楚文化，楚文化作为荆楚文创产品发展的基本文化元素，应该自始至终贯穿于文创产品开发设计、生产乃至销售的全过程。

作为贯穿荆楚文创产品四个节点的文化主轴，楚文化元素要体现在文创产品的方方面面，大到产品设计，小到产品纹饰等，楚文化的核心价值在这个链条上都应该有所体现。文创产品必须是唯一的，是让游客在第一眼看见时就会引发无限想象的产品，只有这样，才能成为热销的产品，才能达到文化传递的最佳效果。

近些年，由于文创产品的"卖萌"系列大卖，大多数博物馆趁势推出更多"卖萌""穿越"系列的文创产品，然而过多同系列产品不仅使这些文创产品趋于雷同，也使消费者产生审美疲劳。此外产品形式单一也几乎是所有文创产品的通病，基本上都是钥匙链、书签、文具盒、冰箱贴等，少有独辟蹊径、别具匠心的产品，缺乏如苏州博物院"曲奇饼干""文征明手植紫藤种子"等极具创意的产品。

一个匠心独运、创意无限的文创产品不仅能增加博物馆文创产品销售量，同时更重要的是能提高生产者的知名度与地域文化的传播度，因此，在策划设计各类文创产品时，除充分研究荆楚文化内涵、避免文创产品同质化外，还应在地域文化元素方面进一步加大挖掘、研发、设计、生产力度，增强文创产品的设计感和创意感。

二、文化价值

在传统造物智慧的影响下,荆楚文创产品体现最为明显的是其厚重的文化价值,这不只在传统造物中蕴含着长久以来中国灿烂耀眼的文化内涵,同时在荆楚这片广袤的热土上,也蕴藏着诸多特色鲜明璀璨夺目的文化基因。传统造物智慧中所包含的不只是造物的方法以及外在所呈现的内容,更多的是千百年来人们积存下的智慧基因以及文化意识。将传统造物的理念融入荆楚文创产品的设计开发之中,是将先人的智慧与造物文化通过造物的形式,呈现在文创产品之中。大众可以通过对一件荆楚文创产品的欣赏来感受古时人们对于一件器物的打磨状态,以及古人做一件事,或是解决一个现实问题时,所使用的方法和手段。传统造物智慧在荆楚文创产品设计中的文化价值,可以从造型元素、装饰元素、材料选取三个方面来具体体现,如图6-7所示。

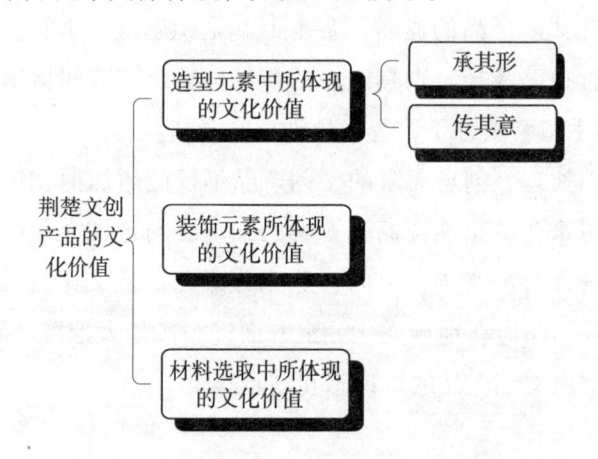

图6-7 荆楚文创产品文化价值示意图

(一)造型元素中所体现的文化价值

通过具有特殊文化内涵的造型设计来进行传统造物设计的情况在古时是最为常用的方式。设计者大多使用具有代表性的山水意象、动物或植物造型，或是具有代表性或是影响力的人物造型来进行设计。通常来说，特定的造型元素所代表的文化内涵不尽相同，其带给人的观感与内容信息也存在较大区别，这可以从仿生学角度来进行分析与理解。

相传从大禹时期开始，人们就根据鱼在水中游动的现象，尝试建造船，人们设计出木桨，来模仿鱼鳍，而后，人们研究鱼在水中转弯的姿态，在船尾加上舵，将桨改进成橹，增加了船前进的动力，使船在水中的行驶也更为自如。如此一来，即使在大风大浪的海水之中，所造之船也可以有效地控制自己的行动轨迹。

从中可以感受到人类的智慧与文化对于造物的影响，其中的本质是人与自然相互作用的关系，人类从自然之中习得生存和发展的智慧，而通过对知识与经验的利用，古人的所造之物使得人类社会以及个体的人得到进一步的发展。与此同时，人们拥有了更丰富的经验和强大的能力来保护自然环境，与自然和谐相处。

造型元素中所包含的文化价值在文创产品中的应用主要分为两个方面：承其形与传其意。

1. 承其形

在现在的文创产品设计中直接进行符号化并非是片面地使用符号的标签，承其形所指的是将一些典型的符号图形或元素进行重新设计和运用，让其最大限度地展现出所代表的文化内涵。文创产品设计的基本元素包含色彩、材质、造型和结构，而与之相对应的符号化呈现为色彩符号、材质符号、造型符号、结构符号。直接对文化符号进行提取与利用，可以用最直观的方式呈现其背后的文化意义，大众不用通过深入的解读即可以理解其义。如图 6-8 所示。

图 6-8　承其形之竹节杯示意图

从图 6-8 中可以看到，图中最为明显的部分在于三只竹节水杯借鉴了竹子绿颜色的符号元素，将杯身的玻璃颜色设计为透明的深绿色，使得玻璃水杯整体上看起来，既有透明玻璃杯的透明之感，又有竹子的绿意盎然。在杯型设计上，设计者选用了竹节的典型元素，高低水杯都带有竹节的显著元素。最右侧的高水杯在最上端的杯口位置设计倒水的杯嘴，以方便将杯中液体从杯中倒出。这种设计风格类似于用真实竹子制作的输水的管子，将最低端的管口削尖，以聚焦出水时的水流。水杯杯底设计成竹子横切面，与真实的竹子的外形极为相似。

此外，选用竹子作为设计主要的设计元素，也是考虑水杯在用来喝水时，可能会因绿竹造型的水杯的整体感观，致使人们在使用水杯饮水时，不由自主地会联想到在"绿竹"水杯中储存的水，其口感、色泽、形态甚至气味都别具一格。

古往今来，人们称器物的大小比例通常会用到这样的词：颈部、肩部、腰部、足部等一些拟人化的词语，这些词语的使用都是利用人身体上某一个部位的权衡比例为名称命名的。我们在欣赏一件器物或是艺术品时，大多也会使用一些诸如高雅、庄重、奔放、饱满、亲切等字眼，这些词语都与人品相关联。任何艺术形象都是反映现实生活、反映创作者的情感思想的艺术创作，我们不能否认这不是人们审美意识的一种表现。设计者将传统造物智慧以及文化中的技艺与方法反映在文创产品之上，并将审美意识灌输到产品之中，欣赏者可以通过器物感知到设计者的巧思，并通过设计者的精巧设计，进一步感受到器物所蕴含的造物智慧以及文化内涵。从本质上来说，在传统造物智慧、文化、设计者、器物、欣赏者之间进行的是多层次和多角度的信息交流，并且这些具有艺术、文化与审美成分的信息在相互传递时，也在影响着各个信息的载体。而当交流得愈加频繁时，各方所呈现出的形式也更趋于同一。

2. 传其意

通过一张图来展开说明在荆楚文创产品的造型元素中如何通过"传其意"来展现荆楚文化价值，如图 6-9 所示。

图 6-9　荆楚文创产品"传其意"示意图

从图 6-9 中可以感受到盛饭的器物引用荆楚文化元素，利用其简单的造型设计，呈现出器物的实用性与文化属性，黑色与白色两款配色简洁而大方，因而，消费者在使用时，可以将更多的注意力放在食物上，更为生活化的设计外观不会过多地影响使用者对美食的欣赏，有形的设计实则达到了无形的效果，而产品的设计目的是要将其实用性与功能性隐藏其中，文创产品之"意"不言自明。

荆楚文创产品表面的造型元素是产品的外在表现，而其价值的真正体现在于内涵、意境、文化、精神等深层次内容的表达。传其意也指出荆楚文创产品的最终目的就是向消费者传达出产品的深层次和多层次的内容。而这些内容需要在"承其形"的基础上进一步延伸。

传统造物智慧中的寓意深远，就是要求文创产品不管是在外在表观，还是在内在的价值与内涵上，都要有更深刻的内容作为基底。荆楚文创产品在"传其意"方面可以有更多的表达，荆楚文化本身就具有丰富的历史和文化底蕴，不仅在时间上有更广泛的跨度，在空间上也有其自身的独特性与丰富性。消费者在欣赏一件荆楚文创产品时，可以由文创产品的本身感受到深刻的历史变迁和文化演变，可以感受到时光流逝和空间的转换，当这些感受更加丰富地汇集在一起时，荆楚文创产品就不只是一件简单的产品和物质性表现，而更多的可以以一种意象的形式存在于消费者的心中，人们所留下的印象也就不单单是一个产品的样态，更多的是一种感触，一种情感，甚至是一种感动。

（二）装饰元素中所体现的文化价值

在传统造物之中，装饰元素中的文化价值主要体现在图形图像、字体的排列设计、纹理样式的选取与布局等方面上。器物之中最后呈现的装饰元素不同，所传递的信息与内涵也均不相同，其中体现了符号与文化之间的关联性，文化与人们心理感知之间的关系。古人受制于有限的资源条件，生产力并不发达，因此古人对于美好生活的理想与向往，只能通过一些有形的图案、符号、器物来表达所寄托的情感。对于儿童，希望其茁壮成长，健康有活力；对于老人，人们则寄予其长寿、健康、吉祥、子孙多福等，这些美好的祝愿都可以通过图形图像的形式呈现出来。在人类漫长的历史发展过程中，面对各种不确定的环境因素、自然因素、社会因素、人为因素等，人们所抱有的诸多理想与愿望都成为自我生存的强大动力。

（三）材料选取中所体现的文化价值

古人在造物之时，对于材料的选取也十分讲究，不同的材料或材质，首先反映出的是器物的现实功能属性和外表特征，同时也可反映出其深层次的文化内涵。例如竹子作为材质的选取，不但可以传递高风亮节、节节升高、坚毅刚直等品性，这是竹子体现出的表观形象方面的内涵，延伸到其材质上，反映的是坚挺的性格特征。除此之外，中国古代的玉石，代表着君子之风，与玉所指的温润品质可以说是君子内柔外刚的体现，同时，也表现出一种亲切感。人们怀抱着一块玉石犹如与一位温文尔雅的慈爱之人相交往。又如金银器物，其是尊贵、地位、身份、威严的象征，金银金属自身带有距离感，可以很好地契合其表现出的象征意义。另外，葫芦的选取，除了其有坚硬的质地与光洁滑润的表面手感外，人们还取其"葫芦"与"福禄"的谐音，借助其多福、多禄、吉祥、发财之意。

在古时，人们在材料的选取上，有一部分是通过其材料名称的谐音来祈求吉祥与希望，获得美好的寓意。例如，利用白菜的形象，雕琢在玉石之上，可以将二者所蕴含的文化内涵进行完美的融合。以此物作为馈赠亲朋或友人的礼品，不但可以将白菜所蕴含的财富和收获呈现出来，同时，还可传达出玉石所含有的君子之风。因此，雕刻有白菜的玉石工艺品有着广泛的市场，人们也热衷于选择此类工艺品。白菜的白色与绿色恰巧与一些玉石天然所带有的色泽相契合。"白菜"的主题设计是取其名称有"白财"的谐音。而古时人们对于白菜的理解还不止于此，白菜的生长过程由地面自下而上，生长到最上端时，菜叶聚拢到一起，这可以预示着人的成长和发展过程要同白菜的生长过程一样，应当从小到大，逐步向上发展，经过自身的努力与时间的积累，最终将自己的成长经验、知识、人脉，以及财富聚集在收获之时。

此外，白菜因其通体白色部分洁白无瑕，而被人们赋予了"洁身自好"的美好寓意，白菜无瑕的白色一尘不染，与人纯洁的品质相吻合，

159

与此同时，白菜自身的绿色也可以给人以亲近自然、绿意盎然的清新脱俗之感。

三、艺术价值

从某个角度来看，艺术与文化有诸多相通之处，传统造物智慧所蕴含的艺术性，是文创产品的生命力，是维持产品寿命的灵魂支撑。艺术价值指文创产品所表现出的艺术表现手法、美学价值、文化价值。文创产品所表现出的民族性、地域性与历史性越明显，越突出，其具有的艺术价值也就越高。

（一）艺术表现手法

在文创产品设计开发之中，所用到的艺术表现手法有七种，如图6-10所示，下面将逐一介绍每一种表现手法的详细内容。

荆楚文创产品艺术表现手法：
- 夸张——增加文创产品的作品张力
- 象征——利用具象的内容表达抽象的含义
- 拟人——将物人格化
- 变形——形象的异变
- 营造反差——让器物呈现不同凡响的视觉效果
- 简省——展现器物的简洁和有力

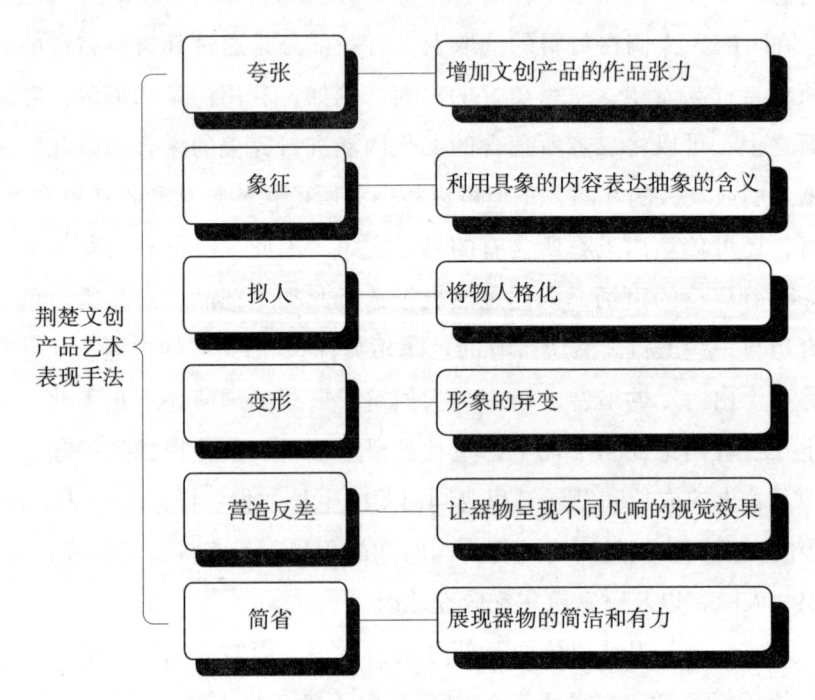

图6-10　荆楚文创产品艺术表现手法示意图

1. 夸张

夸张就是夸大的意思，即言过其实，在修辞中就是利用夸大词语的表现事物的特点。在艺术手段的表现上，就是抓住事物的典型特点，通过夸大或强调的方式，来表现事物的独特的特性，以此来充分表达其艺术效果，增加文创产品的作品张力。任何一种艺术形式都可或多或少地运用夸张的艺术表现手法来表达创作者的创作意图，突出艺术表现力，通过夸张的效果来突显作品的艺术魅力。例如，国家体育场——鸟巢的设计，将一个小小鸟巢进行夸大处理，借用其主要的形象元素，构建了一个万人体育场的大规模建筑。由原型鸟巢的细小树枝，扩大至数十米长的钢架结构，单就钢的厚度就可达 110 毫米，在原有鸟巢温馨安静形象的基础上，"鸟巢"场馆更兼具雄浑磅礴、海纳百川的气势。

2. 象征

象征就是通过具体的事物来表达其内涵与意义，利用具象的内容表达抽象的含义，这是一种表达信息之间的转化。通过象征物与被象征物之间存在的联系来建立起一个具体的联结，表达创作者的思想、内涵、情感。两者彼此的联结是关键点，万物之间都或多或少存在着相互之间的联系，创作者可以选取一个恰当的切入点。象征的表达本质上可以将所表达的抽象概念凝聚在一个具象的事物上，情感可以置于象征物的表面特征与内在构造上。象征的手法是一种较为常用的方式，可以不拘于事物本身所具有的形象特征，而所传达的信息内容又不限于事物的表面呈现。

3. 拟人

拟人的艺术手法是赋予人类之外的事物以人的情感、语言表达、行为、思维等人类所具有的情感要素，也可称其为"人格化"。拟人的手法在文创产品设计中也是一种使用频率较高的艺术表现手法，其可以拉近人与客观事物之间的联系，给人以亲切感。拟人的手法可以让人产生一种奇妙的感知，将原本没有生命的物体或事物，抑或是具有生命力的植物或动物以人的形象展现出来，消费者可以与人格化的事物进行情感沟通。当一件文创产品可以引起消费者的情感交流，产生互动体验，此时的文创产品就不简单是一件商品或产品，而是一个可以传递情感或是思想的伙伴、友人，甚至是亲人。文创产品与消费者之间产生的这种黏性会与其艺术性相联结，体现出其独特的艺术价值。

例如，2022年北京冬季奥运会吉祥物——冰墩墩，以及北京冬季残疾人奥运会吉祥物——雪容融。冰墩墩是一只中国国宝大熊猫的拟人化形象，其将面部设计为人脸的样貌，手与脚也采用人四肢的特征，吉祥物整体站立的形象给人的感觉犹如一个胖嘟嘟的孩子，纯真、亲切而友好。这是将动物的形象拟作人物，但大众仍可以辨认出其熊猫的外形特点。而吉祥物雪容融的原型是一只中国传统的大红灯笼的形象，其头顶有如意环与外围的剪纸图案，面部有不规则的白雪的造型设计，身体可以向外散发光芒。吉祥物主色调选用红色，其也为中国传统的吉祥喜庆之色。主体灯笼的造型，其寓意为发光发热，用自己的微小光热，来照亮整个世界。灯笼通常用在重大节日的庆典或是传统春节全家团圆喜庆时刻。设计师将这一具有喜庆之意的灯笼形象，进行拟人化的设计，加入面部形象，以及人四肢的拟人形象，通过吉祥物的面部表情，进而可以传达一种懵懂、可爱、纯洁的形象。拟人化的手法可以让文创产品的情感传递更加直接、生动、具有感染力。拟人化手法若运用得合理，可以展现较强的艺术表现力，体现出创作者高超的设计理念与设计思维，具有较强的艺术价值。

4. 变形

变形即是形象的异变。其中包括整体的变形以及局部的变形。但变形手法的使用并非天马行空、漫无目的地随意设计。在进行传统造物设计时，应当以器物的实用性、艺术性、主题表现为中心，进行拓展和延伸设计。

5. 营造反差

营造反差手法是利用离奇古怪的图形或图案，让器物的整体呈现不同凡响的视觉效果。其中包括器物设计理念的反差、器物表观设计的反差、器物结构的反差等几个方面。与变形手法相同，营造反差手法的使用也不应过于离题地胡乱想象，设计师应当确定一条或是几条主线，在可控的范围内进行想象力的充分发挥。

6. 简省

在进行文创产品设计时，可以把平面或空间想表达的内容和主题进行总结，提炼其中的核心特征与特点，用一种简洁的形式进行表达，这种表现手法称作简省。例如，只选取龙凤图案的几条具有代表性的线条，融入荆楚文创产品设计中，使其形象鲜明，且简洁有力，同时，也具有一种现代设计美感。

（二）民族性

民族性不管是对于一个国家，还是对于一件传统造物或是一件文创产品，都是极其重要的，是一件文创产品的灵魂，如果一件文创产品失去了民族性，也就没有了发展的动力与精神支柱。随着我国综合国力的不断提升，中国文创产品所表现出的民族性越来越明显。荆楚文创产品中蕴含着深厚的哲学意味，有着自身独特民族特性的艺术价值，而中国民族文化又有着重要的艺术价值、文化价值、历史价值以及社会价值。中国传统造物智慧中天人合一的艺术思维，把审美定位在气韵和形神等抽象概念中，所凝结的独特的东方精神，是历史的传承，也是时代发展的必然成果，这也是"中国元素"的具体体现。

荆楚文创产品在民族性方面探索创新之路，而艺术价值的民族性一直是设计师探索的方向，对传统的民族性的深刻研究与思考，体现出荆楚文创产品设计师在民族性的感悟中进行艺术创作的精神意识。中国传统文化有着极其深厚的积淀，在艺术性与文化性相互融合与碰撞的过程中，会产生新的艺术形式以及新的创作思维，其内在精神会因民族性的滋养而更加丰富多彩，同时也会有更加多样而底蕴深厚的文创产品产生。荆楚文创产品的设计师会不断探索艺术语言与民族文化的融合，他们不断增加荆楚文创产品的民族性，并赋予产品新的时代意义，同时也会不断思考文创产品本身所具有的艺术价值与其所含有的生命意义。

民族性体现在荆楚文创产品之中，不只是一个符号化的表象，而更多的是其所体现出的中国传统文化的内涵，以及一个民族在历史发展过程中所积累的诸多经验、意识、思想、传统、生活习俗等具有民族特色的价值与内容。而这些以艺术的形式体现在荆楚文创产品之中，转化为一种有形的或是无形的价值，丰富产品的艺术表现形式，增强文创产品的呈现效果。此时，文创产品以物质存在的形式连接着传统造物智慧与荆楚文化，让传统与现代相结合，具体与抽象相结合，文化、技艺与艺术相结合，文创产品的内在表现更加具体而生动。

（三）地域性

我们常说"一方水土养一方人"，中国有着广阔的地域范围，每个地域都有着各自的地域文化特点与风土人情。因此，在分析荆楚文创产品所包含的艺术价值与地域性时，应当结合荆楚当地的自然条件与社会条件进行多角度的研究与思考，站在客观而公正的角度来探索荆楚文创产品的艺术价值。

1. 自然条件影响下的地域性

荆楚之地，地势呈现三面高起、中间低平、向南面敞开、北面有缺口不完整的盆地。平原、丘陵、山地三种地势兼有，地势高低错落，相差显著，西部有号称"华中屋脊"的神农架，其最高峰为神农顶。东部平原的监利县谭家渊附近，地平面海拔高度为零。在这可以切身地感受到地表如何呈阶梯状地由低到高地逐渐抬升。

荆楚除高山地区之外，大部分地区为亚热带季风气候，光照充足，因而这一地区可以接受到丰富的热量,无霜期长,气候温暖宜人,降水量充沛,雨季伴随着暑热同时到来,但这一范围内地形复杂多变,因此气候差异较为明显,不同地区呈现不同的气候特征。

武汉处于两江交汇之际,自古就有"九省通衢"之称,因此荆楚一带有着丰富的水资源,长江从这一带弯曲流经,湖泊星罗棋布,点缀着千湖之地。

三峡是长江之上的艺术画廊,世代在这里生息的人们,受多彩奇绝的三峡风光的熏陶,展现出博大而雄浑的艺术情感,农民版画是这一地区展现其技艺与民族情感的一种方式,在这其中,以夷陵地区最具有代表性。位于鄂西长江西陵峡两岸的夷陵地区,以巴楚文化为根源,山清水秀,民风淳朴自然,并因此而孕育出了具有地域特色的民间艺术形式——夷陵地区现代民间版画。

2.社会因素影响下的地域性

社会因素中主要是以人为主体参与的一系列因素,其中包括人们的社会人口、生活习惯、思想观念的文化水平等。因为所处地域的差异性,其上所生活的人们受这些社会因素的影响都不尽相同。地域性与社会因素彼此之间相互影响、相互作用,具有紧密的关联性。一个地区社会人口结构发生改变,人与人之间的交往方式也会随之发生变化,人口流动性不断加大,人际之间形成信任所需要的成本和时间也会增加,进而会影响人们的交往模式,会形成各种各样的社会文化。人们日常的生活文化、交往文化、饮食文化、礼仪文化也可能因为人口流动性的增加而产生相应的影响。人际之间交流更加密切,各种不同的思想与文化之间会发生更多的碰撞与交流的可能性,不同文化间的融合与更替频率更加突显。随着时代的发展、科技的进步,年轻一代接受新鲜事物的能力更加突出,这一群体更适于随机应变,随着信息传递与使用方式的不断进步,更加便利的沟通方式让人们更加关注沟通的效果。但不管时代如何向前发展、科技如何进步,不变的是人们对于美的追求,对美的向往始终不变。不管人们在日常生活之中使用的生活器具，还是日常的穿衣搭配，抑或是节假日的礼品装饰等器物，人们对于美的事物的需求越来越大。因此，设计师也应当紧跟时代发展的步伐，从最新的视角切入，及时把握人们的使用心理与市场需求，在产品最终呈现的不管是视觉效果还是艺术效果，都要将具有荆楚地方特色的艺术审美价值融入其中。

由于客观世界以及现实社会的诸多因素不断施加影响，因此，一个地区人们的思想观念也发生着不同程度的变化。人们的思想一方面可以引导人们的生产或生活的行为，促进自身的不断进步；另一方面也会限制人们的行为，制约自身的发展。思想观念进而也会影响每个人的审美标准和审美情趣，过去认为美好的事物，如今可能并不会引起太大的兴趣；过去未曾关注的且并不吸引人的事物，如今可能焕发出新的生机与活力，具有了艺术美。审美本身就是人们对客观事物的一种独特评价，审美有时也具有人际间的差异性。我们通常所说的审美是人们经过一段时间的沉淀而达成的一种共识，这种共识符合大部分人的审美需求。

（四）历史性

在不同历史时期，一件器物所具有的艺术价值不尽相同。因为每个不同的历史时期，社会或人们对艺术的鉴赏水平，以及对器物在艺术水平上的评判都有所不同。进一步来看，一件器物的艺术价值中也体现着历史性，大众可以从一件器物上感受到时光在其上缓缓地流动，同时也能看到器物上所能留存下来的历史的印迹与时光雕刻的痕迹。从更为具体的角度来分析，器物中所包含的历史性元素，其中自然会有传统文化的要素，而文化并非一时一刻所形成，其需要一个地区人民经过长时间思想的凝聚，不断地融合外界各种优秀的基因，不断地更新淘洗自身文化所形成，这是一个极其复杂而又充满不确定性的过程。就一个地区而言，艺术价值中的历史性中包含这个地区的历史、人文、思想、社会发展、风土变化等内容，而正是由于这些因素的影响，才逐渐丰富了器物的艺术张力，器物表现出的内容才更加生动、形象、立体。器物的艺术价值所表现出的历史性可以使器物更具有历史的温度以及人文情怀。就荆楚文创产品设计而言，想要让文创产品保有持久且旺盛的生命力，需要让器物具有相当程度的历史厚重感。

人们在欣赏一件荆楚文创产品时，不只是享受其表面直观上所带来的体验与效果，现在人们更关注文创产品本身所呈现出的历史感与文化气息。虽然现代人没有更多的时间和精力来细细品味一件事物，而这并影响人们对文创产品所包含的深层次内涵的需求，人们对于文化的需求，国家对于文化自信的提倡，人们也逐渐意识到中国传统文化、艺术、知识所传递出来的巨大能量，文创产品在原有的快速发展中又重新被注入新的生命与活力。如将偃蹇连蜷的舞蹈元素或是楚文化中的丝织刺绣工艺融入文创产品设计之中，设计师可以在礼品中使用丝织刺绣的工艺手法，以表现丝丝入扣的思乡或是思念的情感，这种以思念为主题的礼品文创产品可以用于亲人、爱人、友人、故人等的节日馈赠。同时，将楚文化中的漆器制造工艺加入其中，又有如胶似漆的美好寓意。

四、实用价值

在文创产品中，实用性价值对于一件产品的整体性来说十分重要，虽然文化产品并不非常讲究其实用性，并且消费者选择一个具有地域性的文创产品，并不是主要关注其实用价值，也并不是在日常生活或工作中真正使用。更多的可能是对其观赏和把玩，当然还有一些文创产品侧重于实用功能。虽然放在第四部分来对文创产品的实用价值进行介绍，但其重要性却不可忽视。荆楚文创产品最基本的还是自身的产品属性，其要具有一定的实际生活的意义与价值，在此基础上再理解与欣赏产品的艺术价值与审美意义也更有意义，不管这里的实用价值满足的是受众的物质需求还是精神需求，都是其实用价值的呈现。以往人们主要关注文创产品的实用价值，注重实用性，而随着人民生活水平的提高，物质生活得到极大满足，人们越来越关注精神生活的提高。因此，尤其对于文创产品来说，人们对于产品的艺术性与审美性的关注程度高于产品的实用价值。大部分人可能不会真正拿一件文创产品来进行使用，而更多的是让其满足自身的精神需求。

荆楚文创产品在其产品的实用价值方面，应当更多地借鉴传统造物智慧中对器物的尊重与设计的观念。将文创产品的实用性、艺术性、审美性有机地结合起来。在实用性中体现文创产品的艺术性与审美特性，在艺术性与审美性中同样也应当有与之相应的协调统一的实用性相匹配。如此才能充分体现中国传统造物智慧中功能至上、天人合一、整而有致的创作理念。实用价值与艺术价值等其他价值应当完美而有机地融合在一起，从而可以给人以整而不散、有条不紊的产品整体效果。

荆楚文创产品的设计师可以在产品实用功能的细小环节是加入艺术化的设计元素，或是在产品艺术化表现时，加入实用性的功能。借助于造物智慧的启发，设计师可以更容易地将产品的实用性与审美性和艺术性进行结合。传统造物智慧与楚文化可以为设计师提供更加丰富的设计灵感与设计思路，在众多选择中，设计师所要做的是从中选出最优的处理方案，以让产品同时兼具实用与审美。

五、美学价值

在中国的大历史与楚文化中可以汲取许多文化元素，并从形态、色彩、材料等方面来进行思考，同时也可以从社会意识形态、当地传统观念、审美情趣中提取有价值的元素，融入文创产品的设计之中，即便没有明显的文化的符号化印记，也足可以让人们感受到其中具有内涵气质的深层内容。荆楚文创产品的美学价值可以体现在表面与内在两个方面，表面上可以给人以最直观的美的享受，而内在则可以在深层次展现产品的内在逻辑与思想。荆楚文创产品可以在整体上同时展现表面之美与内在之美，此二者并不冲突，一个完整而协调的文创产品可以将两种层次的美统一在一个主题内容下。对于不同的受众群体，有些受众倾向于直观的视觉享受，对于直观美感的欣赏是人们与生俱来的本能，人与自然之美之间的关系也主要以直观美的方式来进行连接。

自然美也即是事物表面所展现的美感，它是大自然所有事物天然流露出的一种美感，当然也包括人形体与外貌所展现出来的美。而艺术美也可以理解为事物的内在之美，它是人为塑造出来的与自然之美相对而言的美，艺术美在某种程度上可以称作人工美。虽然艺术美为人工创造而出，但其所包含的美的实质却类似，其美的价值建立在人们对于美的理解与认知之中。艺术之美会随着时间的推移而不断进行自我更新，会受时代环境、社会环境、人文环境等诸多因素的影响，进而艺术美会随着这些因素的影响而不断丰富自身关于美的内涵与价值。而自然美则是一种永恒的美，在客观上，其不会随着人类社会的发展而产生变化。但站在人类的主观视角来看，美的定义本身就是人为的概念，一个事物美或不美，都是经过人来进行定义，因此，自然美的标准也就随着人类社会发展和人们思想观念的转变而变化。但总体而言，自然之美更为恒久，同时，也更为稳定，其所受到的影响更小。

自然之美与艺术之美有着紧密的关联性，二者并不是相互独立存在的，人类的艺术美的灵感源于自然美以及由自然美而引发的自我对美的认知与感受。从另一个角度来说，自然美可以看作是人们对审美达成的一种共识，而艺术美就是将这种共识迁移至人类对美的创造之中。

在土家织锦"西兰卡普"中，有植物花卉、动物形态、生活物品、吉祥类的传统图案200多种，这些取自自然的审美元素经过创作者的艺术加工，呈现出荆楚当地特有魅力，自然与人、自然与艺术达到和谐统一。其装饰纹样和构图，多采用浪漫主义的概括、变形、夸张等手法，巧妙地将各种动静的形体、自然纹样和几何纹样进行有机结合，使整个图案既有生活情趣，又具有鲜明的民族特色感。又如湖北贝雕，其以江汉平原所产淡水贝壳为主要材料制作的传统工艺品。清朝末年，当地工匠将制作螺钿家具时的多余贝花粘贴在木板上形成贝雕画，让贝雕从传统螺钿工艺中脱胎而出，成为独立的工艺品种。经过数代发展传承，湖北贝雕融合了绘画、雕刻、镶嵌、拼贴等多种表现技法，题材包括花鸟、人物、山水、古建筑，产品包括了挂屏、座屏、圆屏、瓷盘画、装饰画、磨漆画、立体贝雕等100多个形制、1000余种图案花色，地域特征鲜明。文创产品中既包含自然之美的元素，经过设计者的艺术加工，也体现出产品独立性。

  自然美与艺术美之间是一种既对立又统一的关系。自然之中并非一切事物都是美的，其中一些不美的事物，在经过人的加工创造之后，可以展现出艺术美；而另外一方面，自然界中一些可能原本属于美的事物，在经过人为加工后，可能会变为不美的存在。这两种情况在人类历史发展中时有发生，有些地区直接将山水元素直接汇集于一地，仿制出一个花园，或是山川湖泊，所营造出的景致显得死板，不灵动，没有丝毫自然之美的迹象。

  荆楚文创产品之中有丰富的意义与内涵可以提取出来，例如荆楚文创产品中的哲学理念与思想，其中蕴含着抽象的意识与认知，其中可以较为完整地体现审美意识与美学价值，其中哲学在美学中的体现最主要的内容是传递哲学意象，这里主要包含四个方面的内容，如图6-11所示。

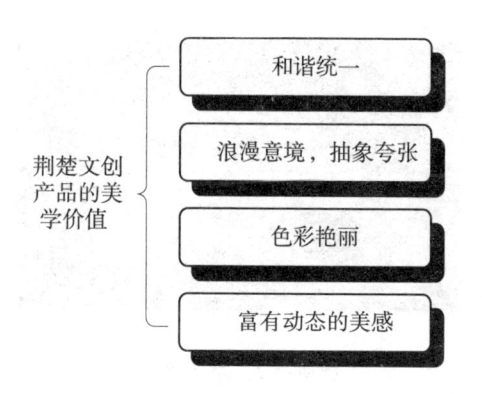

第六章 传统造物智慧融入荆楚文创产品设计开发实践

```
              ┌─ 和谐统一
              │
荆楚文创       ├─ 浪漫意境，抽象夸张
产品的美   ────┤
学价值         ├─ 色彩艳丽
              │
              └─ 富有动态的美感
```

图 6-11 荆楚文创产品的美学价值示意图

（一）和谐统一

中国传统造物智慧注重整体的和谐与统一，将其所含的主要细节元素都统一到一个主题思想与内容下，不只是追求器物实用性与艺术性的结合，同时也体现理性与感性的结合，以及表面美与内在美的融合。荆楚文创产品的设计者更为关注器物的尺寸、均衡性、对称性，甚至是韵律，他们追求一种哲学意义上的"和"理念，将器物中的所有元素进行协调处理，使各个条件都达到一种和谐与平衡，可以带给人以舒适、稳定、愉悦的心理状态，这同时也是美所能带给人的感受。美的感受与人心理积极的状态有着密切关联，美本身就是一种人们对事物评价、判断或是情感的一种反映。

（二）浪漫意境，抽象夸张

荆楚文创产品设计美学的另一个价值是具有浪漫的意境以及抽象夸张的表现形式。浪漫意境中包含诗意，同时又充满幻想，可以让人感受到远大的理想。抽象是一种极端的夸张，抽象中的极端往往是剔除了事物中与客观相关的内容，追求一种让人可感受的形式。夸张则代表了某种程度的极端或是极端的倾向。以楚韵喜勺为例，来进一步感受荆楚文创产品中的浪漫意境以及抽象夸张，如图 6-12 所示。

图 6-12 楚韵喜勺

"最漂亮的勺子"——楚韵喜勺，仿制荆州马山 1 号墓出土的战国错银铜匕，匕呈桃形，镂空，错银，装饰变体龙纹。产品中不锈钢材质的选用极大地增加了产品的实用性与颜值。产品以曲线线条为主，构图形式为堆成，变体龙纹采用抽象的设计手法，将荆楚美学中浪漫、富于变化融入其中，同时也将楚人喜爱曲线与龙纹的情感融入其中。

（三）色彩艳丽

荆楚文创产品设计中，对于色彩的使用大胆而豪放，不局限于冷暖色调的单一使用，也不会受固有观念的束缚，更趋向于自由以及情感的表达。色彩艳丽是荆楚文创产品设计美学价值中一个突出的方面。对于色彩来说，是整个荆楚文创产品中一个重要的表达方式，有时一件文创产品不需要过多复杂的设计，而只是通过相关的色彩搭配，就可以展现整个产品意欲表达的内涵。可以通过具体荆楚文创产品设计的案例来进一步理解文创产品中色彩艳丽的呈现效果，以十二生肖刺绣布贴为例，如图 6-13 所示。

第六章　传统造物智慧融入荆楚文创产品设计开发实践

图 6-13　十二生肖刺绣布贴图

从图 6-13 中可以明显地看出十二生肖图案中使用了丰富多样的色彩，并且在色彩的使用上也更为艳丽、奔放。文创产品的设计者并没有局限于十二生肖动物典型的用色，而是加入了更加大胆的、抓人眼球的艳丽配色，使得生肖形象更加灵动、活泼、富有生气。例如，生肖兔的图案，在以白色为主色的基础上，又加入黄色、蓝色、红色作为搭配，既保证了生肖兔原有的特色，同时也通过色彩的使用增加了图案的想象力。

（四）富有动态的美感

从呈现的效果来看，荆楚文创产品具有较强的动态美感。而如何在荆楚文创产品中呈现出富有动态的美感，可以抓住四个关键性要素：力量和平衡、动作线、对象结构、姿态。

以人为例，人在运动时，即使只是身体一个部位的活动，身体的其他部位也会跟着一起活动。一个简单的举起手臂的动作，肩膀也会跟着抬起。人虽然借助自身内部力量而做动作，但同时还会受到地球重力等其他力量的影响，两个以上的力量相互作用，最终会产生平衡。塑造人物的力量与平衡可以让观赏者看到很多视觉信息，例如体重、人物造型的平衡和失重等。动作线是表示人物动作的引导线，动作线可用于集中运动，有助于统一人物造型的整体性，对于人物的整个创作过程做出方向性的指导。塑造动态人物造型，最重要的是了解人体构造，只有对人体构造有了深刻的理解，才能让所营造出的人体的效果更加真实、自然，同时也具有美感。这里需要注意身体各个部位的极限，让身体各部分在极限范围内活动。在塑造人物造型动态美感时，其中一个有效的方法是将人物造型从2D转变为3D，如此一来可以增加画面的深度以及视觉的丰富性。当人物造型被设计得更为夸张时，人物的动作也会更具戏剧性。即使姿态稍稍偏离现实，但人物的存在感也会极大增强，呈现效果也会更具趣味性。另外，人物动态美感的营造，也可以尝试把线条勾勒得夸张一些，使其更加柔软和优美，并且尽可能避免直线的使用，通常最自然的姿势更多是通过曲线来呈现。

下面可以通过一组荆楚文创产品的木质冰箱贴来举例说明动态美感的效果，如图6-14所示。

图6-14 木质冰箱贴示意图

在图6-14中，一组木质冰箱贴图案的设计取材于湖北地区出土文物——彩绘人物画木梳、木篦。冰箱贴图案描绘的是楚国歌舞、宴饮、送别的场面；人物身姿多娇，仙裾漫舞，彰显出历久弥新的文化韵味。整组作品色彩鲜艳，具有极强的装饰性，灵活多变的身姿使得冰箱贴动感十足，拥有较强的视觉冲击力。这一组冰箱贴中的人物造型，更加注重力量与人物自身的平衡，设计者对每个人物的动作线的把握十分精准。此外，人物造型的设计也多使用柔和的曲线，让人物的姿态呈现更具有动态美感。

第三节　传统造物智慧融入荆楚文创产品设计开发的方法

传统造物智慧融入荆楚文创产品设计开发的方法可以从三个方面来进行阐述，如图 6-15 所示。

图 6-15　传统造物智慧融入荆楚文创产品设计开发的方法示意图

一、地域性与世界性相结合

荆楚文创产品最独特之处是其具有自身特色的地域性,而文创产品在推广自身地域性的同时,应当表现出更为广泛的艺术性,与世界相衔接。民族文化虽然是世界文化的一部分,但一个民族的文化想要真正融入世界,需要将自己的文化内涵与精神内涵融入世界所认同的范畴中。

传统造物智慧中的天人合一的设计理念就是将荆楚文化的地域性特点融入世界文化认同中,让自身的文化优势与世界文化共识相融,求同存异,找到文化间的相通之处。王羲之爱鹅、陶渊明爱菊、周敦颐爱莲、林和靖爱梅鹤,四位文人雅图元素,诠释着古代文人对于自然的热爱与感情,而这种感情可以从梵高的《向日葵》《麦田》《星月夜》等作品中感受到。不同民族和国家的文化会有差异性,但不同民族或国家的人们对于大自然之景的感情和审美会有共通之处。

地域性与世界性通过审美和情感层面的连接,可以将不同地区的人们联结在一起。世界是由各个地区、不同民族的人所组成,整个世界的范围如果说小,可以变得很小。人与人之间、民族与民族之间可以进行自由而充分地交流与沟通。世界经过漫长的历史演化,彼此在文化、经济、人文等方面经过了更丰富而深入地交流。各个地区或国家的文化也在这种交流和沟通中不断更新与发展,并形成具有自身独特气质的文化存在。地域文化,尤其是楚文化这种大环境中,应当在保留自身独特性的基础上,与世界文化进行广泛地交流,以此可以向世界展示楚文化和传统造物智慧的独特魅力之外,也可以汲取世界文化的营养,在充分地文化交流与实践中,逐步明晰自身的文化自信。

二、实用性与艺术性相结合

虽是文创产品,但人们对其实用性仍更为关注,人们也更加关注文创产品与日常生活之间的衔接。由于文创产品本身已具有一定程度的审美性，因此，人们在使用时的体验和感受不同于使用其他大众消费品。

但从另一方面来说，如今的文创产品已经不仅仅局限于功能性上，人们对于文创产品的艺术性、审美性、教育性、认知性提出了更高的要求。这需要文创产品与荆楚文化的有机结合，将艺术性融入文创产品的实用功能上，人们在使用或是欣赏荆楚文创产品时，可以感受到产品的艺术性与审美特性。文创产品的实用性中暗含着传统造物智慧，其"功能至上"与"物尽其用"的造物智慧，是将文创产品的物质属性发挥到极致，充分挖掘产品物质属性的潜力，探索物质属性中各个功能相互之间的关系。

荆楚文创产品中的艺术性主要通过荆楚文化的深厚内涵来体现的，荆楚文化中凝结着千百年来人们探索求知和开拓创新的智慧，其中包括人们对于美的审视，对于艺术、文化、精神的渴求与发现。人们对于世界、人生、价值的理解与认知，都蕴藏在荆楚文化中。人们对于一件事物的理解与认知，如何看待事物或问题，通过什么方式来解决一个问题，都会成为文化的一部分。

荆楚文化包含图腾、花纹、历史典故、民俗风俗等元素，需要选择其中最具有代表性的元素，才能更好地将荆楚文化的艺术性展现出来。这些具有代表性的文化符号元素，可以通过各种方式展现荆楚文化的内涵与实质。图腾与花纹等可以从视觉层面呈现荆楚文化，而历史典故和民俗风俗可以从精神层面更深入地诠释荆楚文化。

荆楚文创产品的实用性与艺术性相结合，都要以人为本，以消费者的需求为侧重点，不只在文创产品实用性方面要充分考虑消费者的实际需求，而且还要在产品的艺术性方面体现出产品价值与文化属性，具体如图6-16和图6-17所示。

图 6-16　荆楚文创产品之文房系列示意图

图 6-17　楚文化图案示意图

由图 6-16 可以看到荆楚文创产品中的镇纸、笔架、砚台、笔搁，将荆楚文化中的图形元素与文房用具相结合，在保证了其实用性的基础上，更具艺术之美。如笔架的主体设计元素，取自虎座鸟架鼓，文创产品的设计者将原鸟架鼓中圆鼓的造型进行变型设计，放大为笔架的圆形框架，自然而实用，古朴而有韵味，使整体的设计简单而不失丰富的文化气息。两边的鸟型托起中间的圆架，设计者在原有的纹理与色彩上，加入自己对审美的理解，凹槽中涂以金漆，使整个文创产品更具时尚感，鸟架上花纹微微凸起，让整个笔架更加精致，黑色与金色描摹勾勒，充分营造了浓厚的文化气息，保留了荆楚文化中的艺术性与传统性，同时，色彩与线条的搭配也不会让人觉得呆板和无趣，反而添加了灵动与韵律，意味悠长。

虎座鸟架鼓下方的虎座由文创产品的设计者设计为笔搁，造型和颜色几乎沿自原有形制，充分体现出其实用性，可以让人感受到书法与文化此刻交融在一起。设计者也充分考虑了使用者的应用场景，色彩沿用了原造型的黑色，并用金色线条装点描绘，让笔搁显得尤为庄重。作为书法与绘画的文房用具，镇纸和砚台的设计也以黑色与深棕色为主色调，与笔架和笔搁的色彩基调相统一。镇纸中间的拼合图案取虎座鸟架鼓中鼓面的图案，施以金色，文化感十足，雕刻的图案离让纹样更加清晰。砚台图案以凤尾造型进行设计，立体的浮雕让纹理更加生动有趣。

下面一组文创产品选用了银杏作为主体元素，让整个产品的别具一格，如图 6-18 所示。

图 6-18 银杏元素收纳篮示意图

由图 6-18 可以看到一个看似简单，但实则趣味横生的文创产品。文创产品为一个黄色的收纳篮，镂空的设计让产品整体上简单而大方，充分设计感。细看其中的衔接，可以发现产品是由多个银杏叶图案拼接而成。每一个花形的图案是由六片银杏叶组成，六个叶柄是由实心与空心的接口进行设计，可与其他花形进行组合，设计巧妙，这个基本的花形结构选用了环保的不织布，即无纺布的材质，保证了产品的环保、无污染，消费者可以放心地进行使用。银杏叶元素取自孝感银杏谷，体现出地域文化的特色，消费者在使用时，可以感受到银杏谷的景致与魅力。产品中文化元素的融入，让其在保证了实用性的基础上，展现出产品的艺术性，消费者不管在使用还是单纯地在室内放置，都可以同时感受到其既是一件实用的收纳篮，也是一件充满韵味的工艺品。

再来看由银杏叶环设计而成的抱枕，如图 6-19 所示。

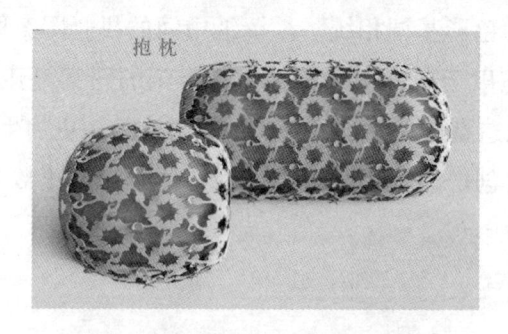

图 6-19　银杏元素抱枕示意图

在图 6-19 中，可以更清晰地感受到银杏叶环的工整与韵律，由其拼接而成的大小抱枕，其艺术性与审美性可以充分彰显，消费者在看到这款产品时，不由得会心生爱怜，想要亲手触摸，探寻其中的奥秘。无纹布柔韧而轻盈的材质让产品在作为抱枕时，可以保证消费者在使用之时的舒适度，其良好的透气性，以及极佳的防潮效果，保证其在闲置时，也不用担心霉变。设计者实用性的考虑让产品充分满足了日常生活的需要，同时也充分考虑了消费者在使用时会出现的各种情形。在保证了实用性的基础上，黄色银杏叶元素又增加了产品的艺术与文化之美，让这款文创产品不管是在实用性，还是在艺术性上，都无可挑剔。

此外，还可再通过一款银杏元素的文创产品，来感受实用性与艺术性的结合，如图 6-20 所示。

图 6-20　银杏元素隔热垫示意图

从图 6-20 中，可以看到大小两款银杏元素的隔热垫，由银杏叶环拼接而成的六边形隔热垫，可以突显其简单而实用的设计理念，无纹布的不易燃、无毒无刺激的特性在这里得以充分发挥，消费者可以在日常生活和工作中放心地使用。其有效的隔热功能，可以保证不管是木质或是玻璃材质的餐桌或茶几，不会因器皿过热或过冷而损坏，或是留下痕迹。

三、传统性与科技性相结合

荆楚文创产品的传统性与科技性的结合，从表面上看，两者没有太大的关联性，但从深层次来进行研究，可以发现，传统性与科技性在文创产品设计方面具有互补性，传统性需要科技为其提供向前发展的动力，科技可以丰富荆楚文创产品的呈现效果，为其展示提供更多的可能性。而这种可能性与荆楚文化结合后，二者可各自发挥所长。另一方面，高新科技可以通过荆楚文化的传统性的注入，使其无限进行延展，增加科技的内涵和精神实质。在进行荆楚文创产品设计时，离不开科技的助力，一些新的技术手段、新的传播方式、新的设计理念都可以给荆楚文创产品提供新的设计灵感。

第四节 传统造物智慧融入荆楚文创产品设计开发的评价

传统造物智慧融入荆楚文创产品设计开发的评价包含五个方面内容，如图6-21所示。

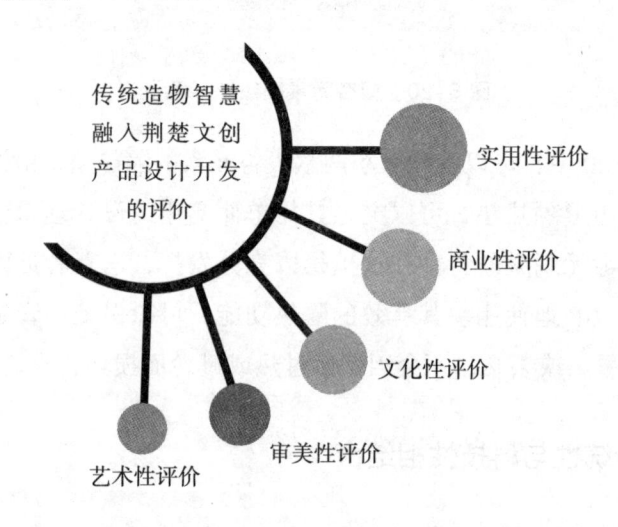

图6-21 传统造物智慧融入荆楚文创产品设计开发的评价示意图

一、荆楚文创产品设计开发的实用性评价

消费者在接触荆楚文创产品时，首先会考虑其产品的实用性，为什么会为其买单。荆楚文创产品的实用性包括四个方面，如图6-22所示。

第六章 传统造物智慧融入荆楚文创产品设计开发实践

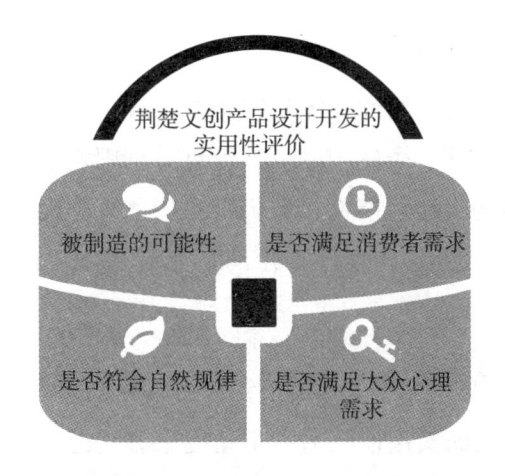

图 6-22 荆楚文创产品设计开发的实用性评价示意图

（一）被制造的可能性

一款文创产品被设计制造出来，不管设计复杂或简单，都需要考虑被制造的可能性，如果一款文创产品设计得天衣无缝、完美无瑕，但由于设计复杂，所选材料无法加工成设计的造型，色彩无法满足设计要求等，则再出色的设计也毫无意义。因此，荆楚文创产品的开发者在设计时，还应当考虑产品是否可以在工厂被制造出。优秀的文创产品设计只有被生产出，才能真正将设计付诸实践，呈现在消费者面前。

（二）是否满足消费者需求

荆楚文创产品生产出来，最终需要经过消费者的检验，而是否满足消费者最基本的工作、生活、学习、休闲等的需求是其中最为关键的因素。如果一款文创产品只是单纯地设计精巧、美观、用料考究，但却不能为消费者所使用，则这款文创产品也终归是华而不实的摆设。不管在古代社会，还是在当代社会，产品的实用性始终是最为重要的方面。

183

（三）是否符合自然规律

荆楚文创产品的实用性还体现在是否符合自然规律，是否符合力学原理，构造是否合理。虽然产品设计没有特别固定的程式，文创产品设计可以存在更多的设计可能性，但仍存在一些规律性因素，可以让荆楚文创产品在设计时更具合理性，让消费者看起来更舒服，使用起来更方便。

（四）是否满足大众心理需求

荆楚文创产品的实用性从另一个角度来看，也是以满足消费者心理需求为最终设计目的。而消费者的心理需求不仅指物质层面，同时也指精神层面。不管是消费者对荆楚文创产品的使用，还是对其欣赏，都需要最大限度达到消费者的预期。消费者心里所想所需即是文创产品开发者进行荆楚文创产品设计的目的。

二、荆楚文创产品设计开发的商业性评价

荆楚文创产品设计开发的商业性评价是从文创产品的商业经营角度对其进行的整体性评价。荆楚文创产品是否能够满足商业经营的需要，是否具有商业价值，产品的商业前景和发展趋势如何，文创产品市场对其认可度的走向如何等一系列问题需要文创产品的开发者慎重思考。

可能会出现一些情况，一款文创产品，不管在产品设计、包装设计、产品构造，还是在消费者认可度上，都有优秀的表现。但可能会因为消费者的购买欲望不强烈，或是文创产品市场未来的发展趋势的调整，此款文创产品不能长久为开发者带来相对稳定的收益回报，则这款文创产品也不适于开发以及进行商业化运作。

三、荆楚文创产品设计开发的文化性评价

荆楚文创产品的精神内核具有独特的文化元素。但荆楚文创产品的文化元素的融入并不是简单地拿来用，也不是简单地在产品的封面上加入图案。而是要将荆楚文化的精髓和实质应用在文创产品设计的各个环节，让荆楚文化与文创产品的实用性、审美性、艺术性等产品特性相融合。文创产品开发者在设计前，应将荆楚文化与传统造物智慧融入其中，以其文化与理念来引导文创产品的设计开发工作。

此外，荆楚文化和传统造物智慧在文创产品中的体现，要充分展示出其二者融合的独特性。文创市场上，相关的文创产品种类繁多，开发者不可只局限于文化或是传统造物智慧的单一方面，而需要将此二者相互融合的部分渗透进文创产品中。

四、荆楚文创产品设计开发的审美性评价

荆楚文创产品的审美性与实用性同等重要，消费者在第一次接触一款文创产品时，通常会被其审美性与实用性吸引，而审美性可以让消费者产生进一步了解一款文创产品的欲望。

荆楚文创产品的审美性主要从产品的直观呈现和情感触动两个方面来评价，这两个方面都与消费者的主观感受息息相关，审美活动本身就具有极强的主观性。直观呈现包含文创产品各个设计元素之间的协调与统一，最终呈现的产品效果是其整体性的表达，其中包括色彩、线条、材质、造型，此外，还有各元素之间的衔接与过渡。文创产品的审美性是在开发者设计荆楚文创产品之上的隐形准绳，这一点自然与开发者自身的审美素养有着直接的关联。在审美性的情感触动方面，荆楚文创产品通过直观呈现，可以让消费者进一步有情感上的感触，文创产品表达的精神和情感可以与消费者的情绪状态相契合。

审美性评价不只是针对个别消费者的审美感受而言,而是要满足更大的消费主体的感受,荆楚文创产品可以让尽可能多的消费群体产生各种不同程度的使用和欣赏感受。

五、荆楚文创产品设计开发的艺术性评价

虽然荆楚文创产品的明显属性是商品,但因荆楚文化与传统造物智慧的融入,而可以充分地体现出其艺术性。文创产品在满足其基本的实用性基础上,还应当突显其尽善尽美的艺术性。文创产品不同于一般商品,消费者在产品使用过程中,还会追求其渗透出的艺术性,在不使用时,荆楚文创产品可以作为一件艺术品陈列在室内。

荆楚文创产品的艺术性应当体现在其透露出的传统造物智慧的设计理念、荆楚文化的内涵、富有神韵的审美情趣,更具体的方面应当体现在其表观的色彩搭配、线条的使用、造型的合理使用等方面。让荆楚文创产品既可在生活、工作、学习中使用,也可以用于把玩、欣赏和收藏。

第七章 传统造物智慧融入荆楚文创产品设计开发的发展展望

传统造物智慧融入荆楚文创产品设计开发的发展展望包含有三个部分，如图 7-1 所示。

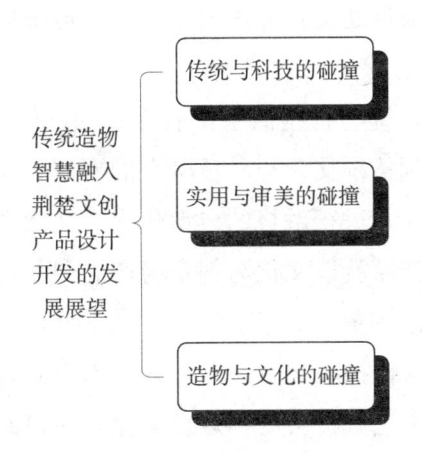

图 7-1 传统造物智慧融入荆楚文创产品设计开发的发展展望示意图

第一节　传统与科技的碰撞

　　荆楚文创产品除了包括自身的文化元素以及传统造物智慧外，还应与最新的科学技术相结合。每个新时代，科技都会有不同程度的发展和更新，科技的发展不只是社会发展的强大动力，同时也是人与器物等诸多事物发展更新的动力源泉。借助最新的科技手段，荆楚文创产品更紧密地与时代发展衔接。顺应科技发展的最新趋势，荆楚文创产品更容易成为人们关注的焦点，不管是在文创产品的营销环节，还是在文创产品的设计过程中，产品的开发者都可以借助产品最新科技的加持，一方面，可以让文创产品更具有时代气息，另一方面，荆楚文创产品在最新技术的辅助下，可以增加荆楚文化呈现的丰富度，传统造物理念呈现的方式可以变得更加多元。

　　从表面上看，传统与科技似乎没有太多关联性，但在这个时代中，人们越来越能感受到传统文化与科技融合的事例，而当代文创产品就是将传统元素与科技元素进行融合的典型代表。文创产品也需要最新科技的融入，本身文创产品就以文化与创意为产品的立足点，科技可以带给文创产品更多的创意灵感以及实现方式。

　　荆楚文创产品与科技融合后可以提升文创产品的档次与科技感。荆楚文创产品本身的文化属性会受到热衷文化与知识的群体的追捧，而其自身的档次与科技感又会受到诸多年轻人的青睐。文创产品中新科技的加入，拓展了文创产品的受众群体。科技赋予荆楚文创产品科学特性的同时，也为文创产品开发者提供了无限创造力。

　　随着互联网、大数据、人工智能、VR 技术等新技术的发展，科学技术与荆楚文化的边界正在变得模糊，科技可以为荆楚文化表现创造丰富的交互体验，而荆楚文化可以让科技变得更有温度。现在，VR技术、三维建模技术、3D自动成像系统，可以让荆楚文创产品以虚拟化方式呈现在受众面前，人们不用真正亲临现场，就可以感受到文创产品的整体效果、符号化设计、色彩、材质等一系列信息。随着技术水平的不断提高，VR技术所呈现的画面效果会越来越逼真，人们更能切身地感受到文创产品真实的文化表达与情感输出。这要求开发者在进行文创产品设计时，将荆楚文化的内容实质与精神传承巧妙地融入产品中。

但科技只是一种文创产品设计的表现手段，主要作为一种工具支持荆楚文创产品在效果呈现上更加丰富，文化层次表现更加生动，其实质性的内容仍然是荆楚文化所包含的多元性与独特性。

鉴于此，荆楚文创产品在进行产业化发展时，将"传统"与"科技"进行有机融合，将"文化"与"现代最新技术"进行融合，以进一步拓展文创产业的发展范围。而荆楚文创产业在发展的过程中，借助这些新兴科技所建立起的平台、所提供的技术，可以提升产业整合的效率，将各种优质资源进行集中于文创产品的开发与设计。通过大数据技术，获取消费者的需求，准确感知最新市场的发展趋势。通过人工智能技术，帮助荆楚文创产品开发者对市场发展数据、消费者喜好、消费者文创产品消费数据、产品的市场表现等数据进行系统而全面地分析。在提高了对这些数据的分析效率后，文创产品的开发可以更加快速地针对市场情况作出及时的反馈，可以针对消费者的需求，在最短的时间内开发出满足消费者需求的文创产品。这时，再通过大数据的收集和汇总，又可以及时地了解文创产品市场及消费者对产品的反馈信息。

荆楚文创产品若要真正实现大规模生产，实现商品化，实现产业化，则必须借助于最新科技与最新技术，在越来越激烈的市场竞争的环境下，荆楚文创产品的开发者与生产者必须不断提升自身效率，不管是对社会发展形势的判断、对市场及消费者行为的分析和预测，还是进行文创产品的设计与开发，新科技都会持续提供动力，荆楚文创产品也需要新学技不断的支持与融入。从客观方面来看，现代社会的发展，新兴的科学与技术已经融入人们日常生活的方方面面，人们的衣食住行、工作、学习、生产，可以说，凡是人类世界的种种事项，都已有新科技和新技术的身影，人们已逐渐习惯科技带来的这些改变。因此，对文创行业来说，自然不能仍是按着旧有的模式来进行产品的设计开发，这样会逐渐与时代脱节，与消费者的距离越来越远。积极地拥抱新科技于是成了文创产品开发者不得不采取的行动。而这些主观与客观的因素，都会导致在荆楚文创产品设计中，传统与科技的融合，其所带来的效果显而易见。

互联网是各种新科技和新技术的串联者，它将大数据、人工智能、VR等技术联结为一个整体，如同葫芦植株的藤蔓，而藤蔓上所结的葫芦是各个新兴的科技成果。互联网的技术也在不断地提升与更新，现在所使用的5G技术，以及不远的未来将会出现的6G技术，让互联网连接的速度不断提升。荆楚文创产品的开发者可以通过越来越快的网络技术，更为方便地获取更为新颖、更为全面的信息。

但需要注意的是，所有这些技术的发展都不应影响文创产品开发者最初的设计理念，即文创产品中所蕴含的荆楚文化和传统造物智慧，作为荆楚文创产品的核心文化内涵，此二者不应随着科技的发展而有所改变。但不可否认的是，荆楚文化与传统造物理念在文创产品中体现时，会不同程度地因新科技的参与，而会有更生动、更丰富、更鲜活的表现，会表现出更瞩目的产品效果。

另一方面，荆楚文创产品作为一种商品，其生产成本也是开发者在进行产品设计时需要重点考虑的方面。作为创意类的产品，在设计之时，不可避免地会进行多次的产品设计尝试，不断提出新的想法，不断实现新的想法，提前做出一些产品的样品，以观其产品呈现的效果。而若将三维建模技术融入荆楚文创产品设计开发的过程中，可以将产品的设计效果以虚拟方式呈现在屏幕上，以降低制作出样品的时间和生产成本。文创产品的开发者也可以直接通过三维建模呈现出的产品预期效果，直接判断文创产品的色彩、线条、构造、主题表达等一系列设计元素的搭配效果。以往文创产品的开发者可能会对每一种设计理念都要制作样品，审视其呈现效果，而后对其进行修改调整，而每一次调整都会花费更多的时间和资金成本，等最终确定产品的设计时，可能整个流程所花费的时间和资金会更多。这自然不利于文创产品的生产和设计企业或公司整体的发展，文创产品在设计开发环节若花费过多的时间，会直接影响后续文创产品大规模生产、定制化生产、销售、售后服务等一系列流程的进行。通过虚拟化呈现的方式，开发者可以随时对文创产品进行调整，通过这种即时呈现的方式，也可以给文创产品的开发者提供更多的灵感，各种设计思路和理念的排列组合可以进一步激发新的灵感，开发者可以通过高效率的尝试和试验，开发者可以用不同以往的设计思维来重新审视文创产品的设计。

因此，从上述传统与科技相融合的种种情况来看，二者相融合所带来的不只是表面上所呈现的各个设计和生产环节效率和效果的提升，科技可以直接影响文创产品开发者思考设计的方式和思维。开发者灵感产生的方式、灵感产生所需刺激的条件和资源也发生了本质性的改变。在文创产品灵感的产生和选取方面，开发者需要关注科技可以从哪些方面来提供助力，开发者可以思考如何可以通过科技的加持，利用更多的方式来刺激设计灵感与设计思路的产生。此外，文创产品的开发者还可以思考如何可以让新科技为我所用，而不是一味地跟着科技的脚步，受新科技牵制。开发者应当时刻把握自己的设计思路、设计理念，抓住荆楚文化与传统造物理念，并以此为重心，让科技辅助文创产品设计，提高设计环节效率，激发设计灵感，促进文创产品销售，提升售后服务质量及效率等。

所谓"传统"不仅仅指古人的经典典籍，或是经书史册，而是过去人们的一种生活本身，其包含着各个时期人们对当时世界的一种认知、对自己的认知、对人生意义的认知、人们日常的生活方式、饮食传统、沟通交流方式等方面。因此，可以将"传统"理解为人们过去生活的全记录，是人们过往的大历史与小历史的浓缩，在现代科技的发展中，"传统"的精神实质可以对科技直接提出疑问：这种新科技是否可以解决人们的现实问题，丰富人们的生活；这种新科技是否符合人类生存的基本常识；这种新科技是否是人们生活所需要的，等等。当这些问题提出时，"传统"所包含的内涵就已经体现出其价值。"传统"并非以限制科技发展而存在，进一步来说，荆楚文化的存在不会限制科技的融入及其应用。

反过来看，科技的发展是人类社会发展的必然趋势，世界人口不断增加，在有限的空间中，人口密度的逐渐增大要求人们必须要通过科技水平的不断提高，来提升生产和生活的效率，以满足人们最基本的生存需要。单从生存角度来考虑，人们需要尽可能地利用更少的时间和资源，去做更多事情。

科技一方面可以提供更多的解决方法，丰富文创产品设计手段；另一方面，科技可以在更多的角度，通过更新的视野，来审视文创产品的设计思路，为荆楚文创产品设计提供更丰富的资源，提供更多的设计实现手段，让荆楚文化与传统造物智慧在文创产品中更容易实现。文创产品的开发者通过新科技的方法来重新进行产品设计，开发者也会获得不同于以往的设计感受，而这种感受会刺激其产生新的创作灵感。作为一个文创产品的开发者，需要更多的灵感刺激，需要不断地进行新的尝试，而科技所提供的丰富的创作方式可以为开发者提供这样的机会。此外，随着科技的不断更新、不断迭代，文创产品的开发者可以不断以新的创作方式来进行文创产品的设计与开发工作。

但需要注意的是，这些不断更新的科技只是文创产品设计开发的辅助工具，而不是文创产品设计开发的本质内涵。因此，荆楚文创产品的开发者应当时刻保持清醒的头脑，谨记荆楚文创产品应以荆楚文化和传统造物智慧为根本。开发者需要抓住文创产品的关键所在，不过多地受科技水平发展的影响。开发者在产品设计前应当将明确大体的设计理念与思路，相当于将产品的骨骼架构建立起来，形成一个完整的产品形态和产品风格。如确定文创产品选取荆楚文化内容中的哪个历史片段或是历史人物；在确定色彩时，确定产品的主色调，其他的辅助配色可以划定一个范围，而具体选用哪种配色，可以在实际的设计中再具体确定。也就是在文创产品设计时，把握大方向，而小的选择和分叉可以允许有一些灵活的调整。通过抓大放小的思路，可以有效地避免文创产品在设计时偏离主题，呈现出四不像的效果。

在未来，荆楚文化的呈现方式可能在元宇宙的虚拟世界中以文创产品的方式完整呈现，人们的生活或娱乐方式会有更多选择。荆楚文创产品可能只需要在虚拟空间进行呈现就可以，而不用真正生产出真实的产品。人们可以感受到虚拟的与实际生活中大小相似的文创产品，甚至可以感受经过夸张处理的文创产品所带来的效果，这时，文创产品的定义与应用范围更为宽泛。

在未来，传统与科技之间的联结只会越来越紧密，人们越来越注重传统文化的传承与发扬，而人们对于科技的关注程度和依赖程度也会随着时间的推移，越来越强烈。而这种传统与科技，过去与当下的融合，通过文创产品这一形式，会聚集更大的能量，并且传统与科技两者的优势在融合后，会有更大的发挥。人们对文创产品不断提升的品质要求，会进一步促进传统文化与最新科技的结合，两者在文创产品设计中的碰撞，在碰撞中又相互融合，产生更多的可能性，创造出更为丰富的文创产品。

第二节 实用与审美的碰撞

  我们通常所说的产品的实用性，都是侧重产品的功能性与实用性，而文创产品中的审美特性也越来越受到人们的追捧。在这里将产品的实用性进一步扩大，则可以延伸到精神层面，这与产品的审美有了奇妙的联结，让表面上看起来似乎没有太多关联性的产品的两个方面，可以因此而产生一些化学反应。就荆楚文创产品而言，其中的实用性与审美性是最为主要的两个方面，有时，实用性作为产品的第一印象，给消费者产生直观的感受，消费者因产品的实用属性而对其进行选择；而有时，产品的审美性会成为消费者感受产品的第一印象，消费者会因其外在表现出的不可阻挡的美感，而自然形成购买行为。

  在实用性与审美性方面，荆楚文创产品的开发者需要慎重兼顾二者的协调与平衡关系，这可能是一个说起来容易而做起来困难的工作。有时，文创产品稍微偏重一些实用性，可能就会影响产品的审美表达；而产品的审美性呈现得稍微多一些，产品的实用性可能就会受到一定程度的制约和限制。如何将实用性与审美性这二者完美地进行融合，是一个优秀的文创产品开发者需要花费大量时间与精力来思考的问题。

  文创产品开发者可以侧重于实用性，在设计中的实用性功能方面加以审美修饰，审美性配合产品实现其实用的功能，通过统一的审美性将文创产品的各个功能串联在一起，既让文创产品的每一个单一的功能从整体上看，并不会感到独立与分散，同时，文创产品的统一协调的审美性也可以传达给消费者一个整体而连贯的产品效果。

  文创产品的实用性中蕴含着传统造物智慧，如物尽其用和功能至上，传统造物智慧中也有审美性的元素，在利用这些元素和理念的时候，可以更贴合地将产品的实用性与审美性融合在一起。这给荆楚文创产品开发者的启示是，尽可能地选用一些自身就包含实用性与审美性的元素，或是利用一些包含此二者的方法或是技巧，在设计时，可以更为自然地将文创产品这两个重要的方面集中呈现于一处。而在选择其他设计元素时，可以先考虑设计元素之间是否存在可以融合的关联性，如果关联性不足以搭配成为一个整体，则可果断放弃这一组合，即使其中一个部分可以很好地呈现产品的效果。荆楚文创产品的开发者必须要以产品的整体性为重心，以整体性和设计理念为文创产品设计的根本，不只是产品的实用性，还是审美性。

文创产品的审美特性通常与当下的时尚趋势相联结，时尚元素中包含着时下人们对于审美的最新需求以及审美共识，这一因素将直接影响着荆楚文创产品的设计思路，开发者为了更好地满足消费者的审美需求，需要紧跟时尚发展趋势，时刻把握消费者的审美变化。同时，对于时尚的把握需要开发者抓住时尚元素的本质，通常时尚的变化频率较快，一味地追随时尚的脚步，很有可能被时尚牵着鼻子走，失去自己的原本诉求。与此同时，文创产品的开发者还需要时刻考虑文创产品的设计理念，并将楚文化与传统造物的理念放在核心位置，主次分明而又有所取舍地进行文创产品的设计与创作。

从根本上来说，消费者选购或是欣赏荆楚文创产品，都是想要从产品中获得一些东西，其中包括物质上的实用性或是精神上的实用性，而审美属于精神上的实用性，人们通过文创产品美的享受可以得到精神上的满足。因此，文创产品的实用性与其审美性之间就有了一定程度的联系。

第三节　造物与文化的碰撞

造物与文化的碰撞可以从五个方面展开阐述，如图 7-2 所示。

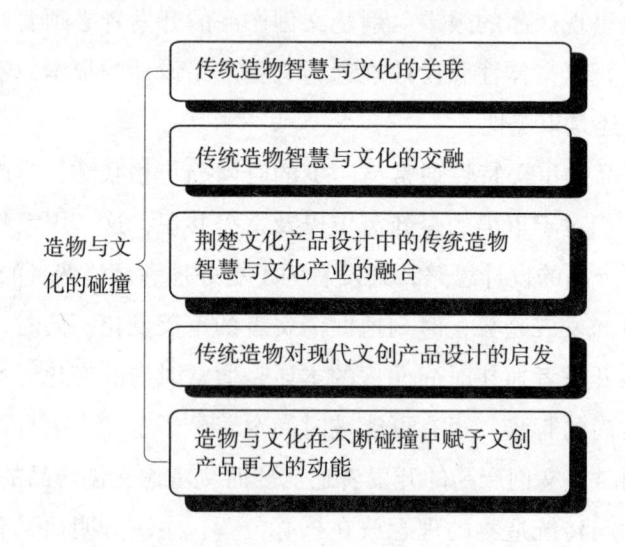

图 7-2　造物与文化的碰撞示意图

一、传统造物智慧与文化的关联

造物智慧是一种文化的具体表现，可以说造物智慧是文化的一个组成部分。人类漫长的历史发展，人们从日常的造物之中逐渐积累并总结出造物的智慧，这一智慧经过长期不断的实践与验证，成为人类文化中的一部分。文化需要从人类各种文化行为，或是生产生活中提取文化的元素，逐渐形成自身的体系。而文化中的各种内容与形式也在深层次上影响着传统造物智慧的发展与演变。

传统造物智慧与荆楚文化有着不可割舍的联系，两者在历史的发展中，相互交融。

二、传统造物智慧与文化的交融

传统造物智慧与文化之间的交流与融合是必然的现象，两者之间有着密切的联系，同时也有着独立存在的不同之处。而两者的交融与发展直接影响着荆楚文创产品的开发与设计，文创产品的开发者不只从传统造物智慧中汲取灵感，同时还会从荆楚文化中获得多角度的设计理念。荆楚文创产品的开发者可以从传统造物智慧与荆楚文化中得到产品设计时的启发，再进一步作延伸，开发者可以从其他更多的方面或是领域获得灵感与设计思路。如工业文化、农业文化等方面。

传统造物智慧与荆楚文化融合所产生的效果，不只是表面上显现的部分，而是更多地体现在此二者的融合可以为开发者或是荆楚文创产品的从业者提供了一个产品设计的理念与思维，通过对这一思维的灵活运用，开发者可以利用更广泛的资源，得到更为丰富的设计思路。

三、荆楚文化产品设计中的传统造物智慧与文化产业的融合

由上文所述，已经知道传统造物智慧属于文化的一个重要组成部分，因此，传统造物智慧与文化产业也有着重要的关联性。文化产业可以在传统造物智慧的启发影响下，丰富自身业态形式。

文化产业通常分为三类：第一类是销售相对独立的物态形式呈现的文化产品的行业，如生产与销售图书、报刊、影视、音像制品等行业；第二类是以劳务形式出现的文化服务行业，如戏剧舞蹈的演出、体育、娱乐、策划、经纪业等；第三类是向其他商品和行业提供文化附加值的行业，如装潢、装饰、形象设计、文化旅游等，如图 7-3 所示。

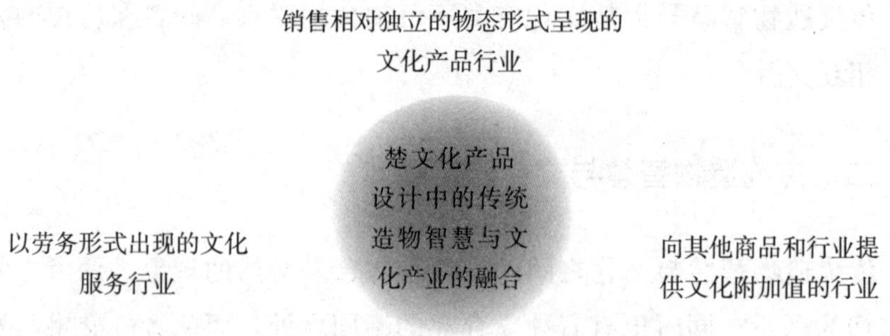

销售相对独立的物态形式呈现的
文化产品行业

楚文化产品
设计中的传统
造物智慧与文
化产业的融合

以劳务形式出现的文化
服务行业

向其他商品和行业提
供文化附加值的行业

图7-3 楚文化产品设计中的传统造物智慧与文化产业的融合示意图

（一）销售相对独立的物态形式呈现的文化产品行业

包含传统造物智慧的荆楚文创产品与文化产业的融合过程中，可以通过各种形式渗透到文化产业之中。荆楚文创产品与图书的生产和销售环节，以及报刊业可以进行深度的融合，在图书或报刊的出版、印刷、封面装帧设计中可以加入荆楚文创产品。

近些年，纸质图书行业或是传统图书行业发展并不理想，随着信息技术的不断发展，新媒体技术的不断更新，人们获取信息的方式更加多元化，碎片化阅读方式逐渐成为常态，人们对于纸质书的需求在逐渐降低，进而阅读方式也发生着根本性的改变。但对于阅读来说，每种方式都有其自身的长处。电子阅读方式更方便，外出时，阅读者不用带着厚厚的几本书四处奔波，而直接可以在手机、笔记本电脑或是其他终端上进行浏览和阅读，但却缺乏了传统纸质书的阅读体验与感受。传统的阅读方式，不管是在家阅读，在咖啡馆进行阅读，还是在图书馆进行阅读，都是阅读者与书，与文字，与知识的近距离接触。如何在传统阅读方式渐衰的当下，重新激发人们对于传统阅读方式的兴趣，是一个关键的问题。荆楚文创产品的机会就在于此，将文创产品与准备上市的图书进行统一设计，以一种新的图书或报刊的营销方式来对出版物进行推广和宣传。在实体店进行销售的图书或报刊，可以在其旁陈列主题定制的文创产品，以提升图书展示的效果。或是在某些精装书的包装设计上加入荆楚文创产品的设计元素，让图书除了自身的知识标签外，还可以通过外在的视觉效果，以及与之相协调的文化设计元素，提升图书的视觉冲击力，重新激发起人们对于纸质书的兴趣。进一步而言，甚至在图书本身的封面设计或是包装设计中也可以直接运用荆楚文创产品设计的理念与设计元素，当然，这需要荆楚文创产品的开发者与图书的作者和出版方，就图书的主题与设计理念达成一致，同时，文创产品设计需要与图书的内容相协调，而不是为了让图书的封面华丽而设计。荆楚文创产品设计在与图书等出版物相结合的过程中，开发者应当注意传统造物理念的融入，如物尽其用理念、功能至上理念、天人合一理念、整而有致理念、寓意深远理念。还需要注意的是，传统造物理念的融入要以辅助图书的装帧设计，不应喧宾夺主，过于华丽，而要以引起读者的阅读兴趣为主。

（二）以劳务形式呈现的文化服务行业

以劳务形式呈现的文化服务行业包括五个方面，如图 7-4 所示。这些行业在传统造物理念的参与下，可以丰富各个文化行业的业态形式。

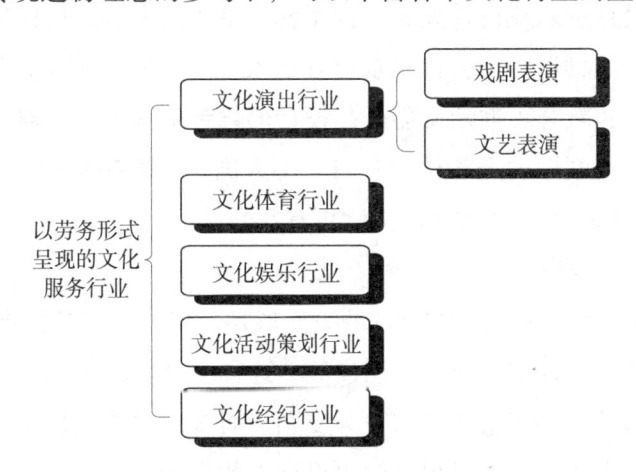

图 7-4 以劳务形式呈现的文化服务行业示意图

1. 文化演出行业

文化演出行业中包括戏剧表演和文艺演出等。

（1）戏剧表演

戏剧有着悠久的历史传统。因此，与传统文化有着紧密的联系，可以说戏剧是中国传统文化的其中一种表现形式。荆楚文创产品可以通过多种方式融入戏剧表演中，如戏剧表演舞台上的道具、戏剧人物的服装配饰、戏剧背景等方面，在现代戏剧中，可以将荆楚文创产品转化为戏剧道具的形式，如日常生活用品、舞台环境装饰品、戏剧情节道具等。戏剧中所使用的荆楚文创产品，应当与戏剧所展示的情节相吻合，配合戏剧故事情节的发展、戏剧环境氛围的烘托、人物性格的表达，总之，荆楚文创产品应服务于戏剧表演的整个舞台效果以及情感表达。文创产品的开发者首先应当对戏剧的整个故事情节发展有较深入的理解，并对其中人物性格的设定和人物在戏剧中所起到的作用有更深层次的认识。在此基础上，开发者所设计出的荆楚文创产品才能更贴近戏剧所表达的情感以及烘托出人物独立的造型。在舞台环境塑造上，也可借助荆楚文创产品的设计理念或设计元素，让舞台效果更为丰富，烘托出更为生动而又多层次的舞台场面，让观众更有融入感。另外，根据舞台效果的需要，也可以让融合了荆楚文创产品设计的舞台呈现出巨大器物的视觉效果。因此，戏剧中的人物仿佛置身"小人国"，其夸张的对比效果可以增强舞台表现张力，让故事与人物更有戏剧性。

（2）文艺表演

文艺表演是一种相对综合性的表演形式，其中所含有多种文艺形式，如戏剧、歌唱、舞蹈、杂技、朗诵等。这种综合性的文艺演出对整体舞台的效果以及现场布景的需求更为复杂。而多元化的荆楚文创产品可以为这种多层次的表演效果提供演出设计上的支持。针对于不同的文艺表演形式，以及文艺表演内容，荆楚文创产品的开发者应当与文艺表演的组织者或是编导一起就整体文艺表演活动的主题；各文艺节目的表现形式和内容；灯光、音响等舞台效果；音乐的搭配与协调等表演要素进行统一规划与设计。

2. 文化体育行业

文化体育行业，指经营文化、体育活动的业务。荆楚文创产品与文化体育行业的融合，可以通过直接或间接的方式。荆楚文创产品可以直接在文化体育活动中展示，一些主题性的活动或文化体育推广类活动等。另一方面，荆楚文创产品可以深层次融入文化体育的主题活动中，由于荆楚文创产品本身具有的独特文化属性，甚至可以以荆楚文创产品为主题，开展文化体育的活动推广与宣传，以此最大限度地为荆楚文创产品推广与宣传。在开展此类活动时，会涉及文化活动的策划，文化体育活动作为辅助荆楚文创产品的一种形式，围绕文创产品进行多角度、多层次地展示，可以以楚文化为内容背景，传统造物智慧为整个活动的设计理念，与活动本身全方位地融合，营造出内涵丰富、且文化与知识气息浓厚的活动氛围。

3. 文化娱乐行业

文旅融合背景下的荆楚文创设计以服务设计手段为设计方法，打造文旅文化产业化，提供新的服务设计流程和环节，增加接触点，以设计思维打造荆楚文创的衍生环节，文娱活动、楚文化的VR交互体验、荆楚漆器、版画、布贴、刺绣等民间艺术体验活动，荆楚数字迷宫、文创产品、手办周边等一系列的设计活动，而服务设计是目前设计界比较热门的设计方向。

文化娱乐产业链共有五个环节，如图7-5所示。

```
                                    ┌─ 艺人
                    ┌─ 上游要素 ─────┼─ 剧本、IP资源
                    │                └─ 资金、设备等
           ┌─ 内容 ─┼─ 制作 ──────── 制作机构（拍摄、后期制作等）
           │        └─ 发行及运营 ── 发行商、广告运营商
           │                         ┌─ 电视台
           │                         │─ 院线
文娱产业 ──┼─ 渠道 ── 播映 ──────────┼─ 视频网站
链环节     │                         │─ 音像版权
           │                         └─ 海外版权
           └─ 深度变现 ── 衍生 ──── 品牌授权、游戏、同边产品等
```

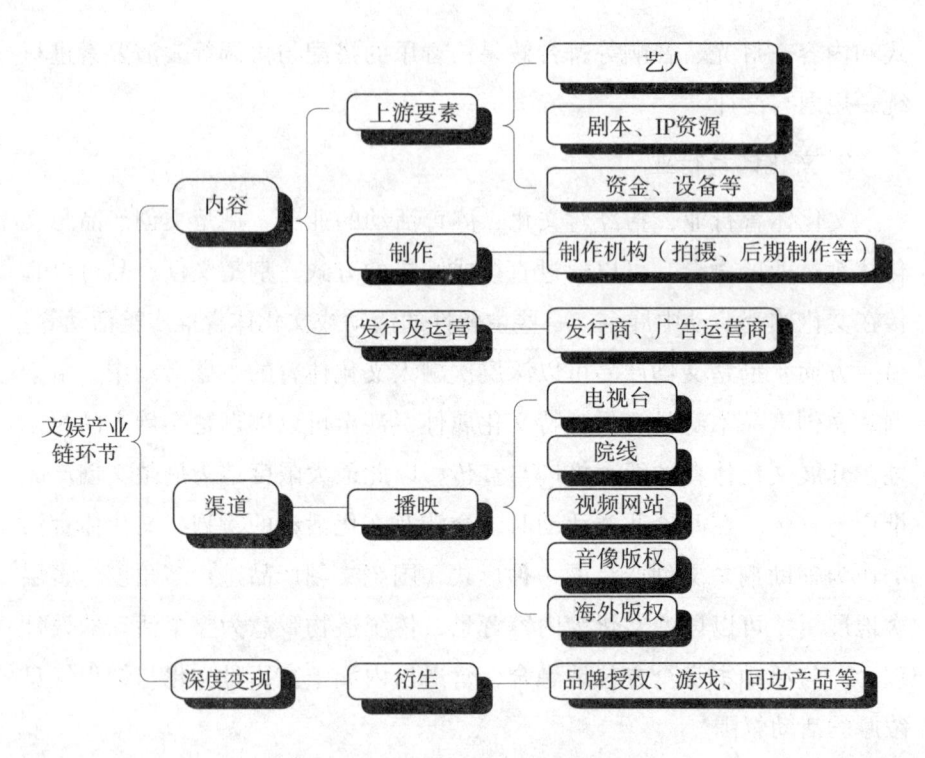

图 7-5 文娱产业链环节示意图

由图 7-5 可以很容易地看出，文化娱乐行业包括内容、渠道、深度变现三个主要部分，而内容这部分又包括上游要素、制作、发行及运营三个环节；渠道这部分包含播映一个环节；深度变现部分中包括衍生一个环节。

上游要素环节中涉及艺人、剧本、IP 资源、资金、设备等；制作环节中包括诸如拍摄、后期制作等制作机构；发行及运营环节中包括发行商、广告运营商；播映环节中包含电视台、院线、视频网站、音响版权、海外版权；衍生环节中包括品牌授权、游戏、周边产品等。

下面就文娱产业链的五个环节的具体内容来详细阐述荆楚文创产品中传统造物智慧与文娱产业的融合实践。

第七章　传统造物智慧融入荆楚文创产品设计开发的发展展望

（1）上游要素环节

就上游要素环节来看，艺人需要有一定的自身修养，艺人除了具备演艺的基本素养外，还可以从文化层次对自己有一个提升，而从荆楚文创产品中可以汲取丰富的营养，不管是从炎帝神农文化、楚国历史文化，还是从秦汉三国文化、地方戏曲文化、民间艺术文化等，都可以找到一个契合的机会点来进一步提升艺人自身的文化素养。而传统造物智慧中的功能至上、天人合一、寓意深远等，同样也都可以应用到艺人个人素养提升上。

剧本中可以融合更多的楚文化元素，荆楚漆器、版画、布贴、刺绣等民间艺术体验活动可以丰富剧本情节，增加文化特质。从楚文化中也可以选取典型的、具有代表性的IP形象，拓展IP资源，以带动相应产业链的发展。

（2）制作环节

制作环节的主要任务是相应制作机构的拍摄和后期制作的工作。不管是拍摄还是后期制作，都需要对文娱节目有一个整体的认知与理解。在这一环节中，传统造物智慧也可以发挥积极的影响。在前期融入荆楚民间艺术体验活动的基础上，拍摄环节中，拍摄素材的选取应当首先要以功能至上，而后对所选的素材进行筛选，可以以天人合一的标准协调整个文娱作品。不只要考虑素材与作品主题是否统一协调，还要考虑素材与观众预期的心理是否相协调。借助天人合一的思维，在思考一件作品时，可以将思考的范围尽可能地扩大，不应只关注眼前所产生的小范围影响，还要兼顾周围环境以及其所产生的影响，将与文娱活动或节目相关的所有因素都考虑进来，甚至还可将可能与文娱活动相关联的因素一并考虑进来。文娱活动或是节目在进行每一步制作的过程中，都可以从宏观的整体来思考如何处理眼前的工作或是问题。例如，以赤壁之战为主题，在制作环节中融入可将故事进行筛选，选取典型情节——火烧赤壁等，进行大场面的渲染，烘托气氛。也可以通过小场面进行精雕细琢。

天人合一所带来的启发与影响，首先是从宏观的角度来看待眼前的问题，将眼前的问题或事物置于一个大的环境中，进而，这一问题或事物不是简单地与大环境结合就可以真正地融入，而是要真正地与节目内容的整体，以及环境有机地融为一体。

后期制作是指用实际拍摄所得的素材，通过三维动画和合成手段制作特技镜头，然后把电影、电视剧的片段镜头剪辑到一起，形成完整的影片，并且为影片制作声音。因此，后期制作可以说也是电影、电视剧作品最后成形的关键环节。直接关系着作品的质量和呈现出的效果。天人合一是传统造物智慧使用方式的理念，同时，也可以移植到后期制作流程中，对于相对碎片化的电影或电视剧拍摄片段来说，最后的统一梳理和调整相当重要。这不仅要考虑片段之间的衔接、内容上的特效使用、音乐的搭配、片段合成手段的应用，同时更需要考虑整个作品所表达的主旨、传递的价值、作品的呈现效果、对观众产生的影响、对社会以及其他人群产生的影响等方面问题。当这些因素都需要兼顾时，后期制作就不只是简单的表面工作，而是需要后期制作的工作人员考虑更广泛且深入的问题，以作品主旨和从宏观到微观的思维方式来解决现实的问题。

而荆楚文创产品在电影或电视剧中的直接应用，可以作为其拍摄场景的一个装饰部分，或是作为剧情中的一个重要的道具，推动剧情的发展。荆楚文创产品在电影或电视剧中的出现形式，可以以软广告的方式，也可以是隐形道具的形式。若以软广告的方式，应当让荆楚文创产品在原有的电影或电视剧内容或剧情的基础上进行融入，如果只是生硬地添加，反而容易让人产生反感，天人合一的理念就是要让荆楚文创产品不只在自身产品设计时遵循这一理念，同时在与文娱产业进行融合时，也同样要完美而自然地融合。而荆楚文创产品作为故事情节中的道具，应当与剧本紧密衔接在一起，与剧情的发展相统一。荆楚文创产品可以根据故事剧情的发展随时改变造型，故事情节可以向前发展，人物之间的关系可以相互变换，故事中的社会环境或是自然环境也随着故事发展的

第七章 传统造物智慧融入荆楚文创产品设计开发的发展展望

需要，不时地发生着变化，荆楚文创产品同样也可以在这些变化中进行自我调整。荆楚文化中止戈为武的和合精神，延伸至此即与周围事物融为一个整体。

（3）发行及运营环节

发行与运营环节要以荆楚文化主题为核心，以重点IP形象为重点，通过文化的一个面以及IP形象等一个点进行延伸与拓展。另外，还要侧重荆楚民间艺术体验的鲜明呈现。当文娱产品或节目已经制作完成，下一步就会由发行商和广告运营商来进行市场推广与发行工作。文娱产品或节目成型前也是针对市场进行宣传推广来确定制作的大方向。因此，发行商和广告运营商进行宣传推广的大方向基本上较为明确。但要真正让受众群体接受文娱产品或节目，还需要发行商或是广告运营商精心策划宣传方案。以受众群体的精神需求为侧重点，在进行宣传推广前，要以受众群体的心理诉求为出发点，挖掘产品或节目的卖点，让产品的卖点与受众群体的心理需求相匹配。发行商与广告运营商所需要做的工作就是，通过有效的方式，将文娱产品或节目的特点，以受众感兴趣的方式传递出去，获得受众认可。发行商与广告运营商是文娱产品或是节目与受众之间的连接者。发行商应当对市场有着敏锐的观察与视角，可以及时掌握市场变动和发展趋势。与此同时，发行商对文娱产品或节目也极为了解，知其所表达的内容与意义，知道受众喜爱什么样的产品和节目。因此，在对产品与受众进行连接时，发行商更容易找到切入点。

荆楚文创产品中的传统造物智慧所能带来的启发是在进行文娱产品或节目的发行或是运营过程，可以将天人合一的理念将产品或节目融入市场，除此之外，还要与社会发展的趋势相吻合，与大众的审美趣味相衔接，只有在满足了各方需求之后，才可更为有效地宣传和推广文娱产品。

而发行方或广告运营商会利用不同的形式，通过不同种类的活动进行宣传与推广。在这些活动中，可以适时地加入荆楚文创产品，通过具有独特内涵的产品来辅助文娱产品或节目的宣传，并为其增加宣传势头。荆楚文创产品在进行设计开发时，开发者可以与文娱产品或节目的制作方和发行方进行充分地沟通，确定文娱产品或节目的主题与价值，明确荆楚文创产品的特色以及有哪些元素可以与辅助具体的文娱产品或节目的宣传与推广工作。因此，不只是荆楚文创产品本身的外形特征、造型设计、设计元素，此外，传统造物智慧设计理念和荆楚文化元素的融入，同样都可以给文娱产品的宣传带来不一样的感受，不只是借助荆楚文创产品的形制与外在设计，同时也可以充分利用其独特的内涵与价值。

（4）播映环节

在播映环节中，可配以荆楚文创的周边产品，进行宣传推广，如荆楚漆器、版画、刺绣等，以补充和丰富播映环节。文娱产品或节目在真正进入播映环节时，将文娱作品的版权出售给电视台、院线、视频网站等播放平台，甚至也可以销售至海外。在进行文娱产品或节目的宣传时，可以将荆楚文创产品融入其中，可以在节目开端、中段，或是结尾插入荆楚文创产品的相关介绍，或是在前期进行诸如短片推广时，将荆楚文创产品置于宣传片中。这时的文创产品就要以文娱产品或节目为主题进行设计，或是结合文娱产品或节目的人物或情节置于文创产品中。

（5）衍生环节

随着文娱产业的持续升温，由文娱衍生出"大文娱""泛娱乐"以及"文创"等概念，这些概念的出现体现出文娱产业内容开发方式的创新和产业链持续整合的新趋势。

文娱产业不只是局限在文化娱乐业本身，其还可与其他诸多行业进行融合，借助文娱产业当下的新趋势与新的发展势头，荆楚文创产品可以与文娱产业进行深层次的融合。从某个角度看，消费者对荆楚文创产品和文娱产品的感受都会有愉悦的感受，这也是此二者在精神层面带给消费者的相似的价值。传统造物智慧中的天人合一理念，同时也符合当下文娱产业的"大文娱""泛娱乐"的趋势，可以在更大范围内融合更多的产业。荆楚文创产品在更加开放和创新的文娱产业链中可以丰富更多的内容与思考问题的角度。

在衍生环节所涉及的诸多领域，例如文学、音乐、游戏、电影、视频和体育等方面，都可与荆楚文创产品进行有效地衔接。例如，在游戏领域，可以通过荆楚文化的主线进行故事情节的设计，上古的炎帝神农、三国文化、名山古寺、荆州花鼓戏、民间艺术文化等。由游戏而进一步延伸出的游戏周边文创产品，可进一步强化玩家对游戏的喜爱程度。同时，这些周边文创产品对于游戏的推广与宣传，也起到助推作用。以一些荆楚文化为主题的视频，可以以宣传片、科教片、小电影、娱乐化视频等方式呈现，这些视频作品可对荆楚文化起到显著地宣传推动作用。一些有影响力的视频也可以带动周边文创产品的形成与发展。其他诸如文学、音乐、电影、体育等也均可与荆楚文创进行有机地结合，并形成相应的周边文创产品。

进一步来看，"泛文化"逐渐有更大的空间，随着中国对外开放的力度越来越大，国力逐渐加强，中国的文化软实力也得以更大范围地输出，借此时机，荆楚文创产品可以有更广阔的发展空间以及更多的机遇。

4. 文化活动策划行业

文化活动策划行业是一个综合性较强的行业，需要文化活动策划的专业人士具备产品知识、行业知识、市场营销知识、广告策划知识、媒体运作知识、客户心理知识、相关财务知识、公共关系等知识。而如何将这些知识进行充分而合理的应用，传统造物智慧中物尽其用、天人合一和功能至上的理念，可以启发专业人员在务实的基础上，将各方的信息与内容聚集起来，共同发挥效力。

在进行文化活动的策划时，荆楚文创产品可以融入活动的各个环节中，不管是具体的文化活动执行、文化活动的营销环节，还是广告策划活动、媒体运作，还是文化活动的统筹协调等环节，荆楚文创产品都可以参与其中。例如与媒体运作的融合的过程中，荆楚文创产品可以参与媒体运作的各个模式：平面模式、电波模式、网络模式。在电波模式中的广播、电视广告中，荆楚文创产品可以通过直接的方式加入，也可以通过软广告的方式体现，因荆楚文创产品本身自带的文化元素，并且其中也有传统造物智慧的理念，同时，这些理念可以应用在诸多方面，前文已就这一方面进行过较为详细的阐述，这里不再赘言。在通过电波方式进行传播时，可以侧重于文化教育、文化传播、文化保护等与文化相关的方面进行深入且全面的分析，同时，在这一过程中，荆楚文创产品随之呼之欲出，自然地呈现。可以给人以舒服的观看感受。反过来说，如果荆楚文创产品以生硬的方式出现，观众可能会不知其所以然，在没有心理预期的前提下，人们可能难以接受一个不和谐的事物的出现。

利用媒体运作的方式，需要建立在受众不反感的基础上，如果产品所展示出的效果不能充分地吸引消费者，则底线是不能让受众产生反感情绪。通过媒体方式进行运作，其实质是要占用消费者的时间来宣传产品信息。荆楚文创产品的推广者应当考虑消费者为什么会花费时间观看一个文创产品的推广宣传的内容。如果推广者在荆楚文创产品的推广宣传过程中，可以为消费者提供一定程度的知识含量，消费者在观看广告或是宣传活动时，可以学习荆楚文化的历史智慧，让他们感觉到自己所花费的时间是值得的，是有所收获的。如此一来，可以说这个推广宣传活动是成功的、有价值的、产生了一定影响的。

5. 文化经纪行业

文化经纪行业从事文化信息服务、中介服务和代理服务。其中文化信息服务负责信息收集、信息处理、信息传递。为客户提供文化活动的相关内容和有价值的信息咨询。通俗来看，文化经纪就是将文化活动的信息进行筛选，将有价值的信息进行中转的一个关键节点。文化经纪公司或是文化经纪人对于文化活动市场的资讯有着极高的敏感度，可以快速地进行反应，并且能够在一定程度上对文化市场未来的发展走向进行预测。

文化经纪行业作为文化活动信息处理和使用的行业，掌握着最新、最便捷的信息渠道，荆楚文创产品可以利用其便利的信息渠道，拓宽经营思路，对现有的运作体系进行有效整合。

荆楚文创产品设计文化与现代信息技术、大数据分析和处理等技术的结合，可以更有效地助力文创产品设计的针对性、有效性、实用性、延展性等方面的特性。

（三）向其他商品和行业提供文化附加值的行业

向其他商品和行业提供文化附加值的行业是与文化或文化活动相关的行业，此类行业可为其他行业提供文化资讯和文化或内容的策划，从事这一领域的公司对文化领域的发展和走向有更深入的理解与研究，荆楚文创产品的开发者与设计者可以与此类公司或企业进行充分地交流。荆楚文创产品的开发者和设计者可以从中得到及时而专业的行业资讯，进而指导荆楚文创产品的开发与设计。开发者或是设计者，不仅在设计上要有过硬的专业素养，在对文创产品消费市场的把握上也要有敏锐的嗅觉，可以对产品的设计和研发作出及时而有效地调整。当今社会，遍布着各种各样的信息，科学技术的不断更新，致使人们对于新事物保有兴趣的时间逐渐缩短，这就促使荆楚文创产品的开发者要不断更新自己的设计理念，紧跟当下流行趋势，准确捕捉市场及行业动态信息。

这些提供文化附加值的公司或企业都有一整套的文化活动或文化项目执行方案，他们可以为商品提供增值服务，此外，还可以为公司或企业提供文化增值服务。荆楚文创产品可以融入文化活动或文化项目的解决方案中，与整体的方案一起，打包推广给需要提升自己文化实力的公司或企业。

虽然是提供文化附加值，但现代社会对文化或文化相关的领域越来越重视，同时，也由于人们的生活水平不断提高，人们对于单纯物质化的生活方式或是产品的需求逐渐降低，而对于具有文化底蕴和审美韵味的事物越来越热衷。有这文化增值需求的公司或企业，不只是看不见的企业文化或是传统文化作为提升自己企业或产品形象的方式，还需要通过实物来让人们切身地感触到文化的魅力。荆楚文创产品可以在这方面提供一个真实可见的、具有深厚文化内涵的文化实体。

四、传统造物对现代文创产品设计的启发

如今的荆楚文创产品设计与古代的传统造物智慧实则是不同时期我们对文创产品设计的不同理解，现代的文创产品设计与过去传统造物在本质上是相似的。其中存在的最大的区别可能是传统造物更加注重器物的内在构造和蕴含的精神内涵，而现代文创产品更多的只是追求外在的表现，更加关注消费者在第一眼看到产品时，能否产生购买的欲望。现代文创产品被更多的利益化或现实化的因素限制着。而传统造物的出发点在于器物本身的实用性与艺术性，让器物具有精巧务实的实用功能之外，也不失器物的雅趣，好用好看且好玩。传统造物会考虑更多方面的因素，有着极为细腻的设计理念与制作工艺，一件器物通常需要经过较长时间的打磨，追求器物的完美表现，造物的匠人有着极致的工匠精神，对每一个制作步骤和流程都细致入微。

现代文创产品应当传承传统造物精神，将更丰富的造物理念与精神实质融入产品设计中，让文创产品具有夺人眼球的外观的同时，还能拥有丰富的内容实质，不仅把传统文化元素应用于表面，还要将传统文化的精神内核植入文创产品的各个具体的细节。

传统造物智慧中的物尽其用、功能至上、天人合一等设计理念对于现代文创产品设计有更多的思考和借鉴意义。即使是在当下，国家提出"双碳"目标，各行各业都开始着手减少碳排放，削减碳污染，人们的环保意识越来越强烈。因此，传统造物智慧中的物尽其用理念在当下同样不过时，文创产品的开发者在设计产品时，需要考虑更多方面的问题，

应将环保意识融入设计之中。一方面，对于材料的使用，应当减少边角料的浪费，在生产制造环节，减少使用对环境可能造成污染的材料。尽可能在文创产品设计环节，充分利用选材。另一方面，物尽其用的造物理念也可以促使文创产品的开发者秉持极简的设计风格，将多余的、没有实用功能的设计流程省去，将不必要的设计元素进行精简，让文创产品中的每一个元素都充分发挥价值和作用。文创产品的开发者可以利用物尽其用为标准，重新对产品的设计思路和方案进行筛选。确定哪些元素有存在的价值，哪些元素可以直接省去不用。

传统造物智慧中天人合一的设计理念，要求文创产品的开发者将各个设计元素有机地结合在一起，让彼此间可以相互协调，相互影响，相互发挥作用。每个设计元素不只是单独地发挥作用，荆楚文创产品的开发者需要考虑各个元素之间的协调与配合，需要从整体的角度来进行文创产品的设计。最终呈现在消费者面前的文创产品是作为一个整体呈现的效果，开发者需要站在产品整体设计的视角来规划设计，统一协调每个要素之间的相互作用与关系。

五、造物与文化在不断碰撞中赋予文创产品更大的动能

传统造物智慧的理念与楚文化的相互交融与共同作用，为荆楚文创产品设计提供了更为广阔的设计思路，以及更为深刻的内涵。文化与智慧的结合，审美与艺术的结合，设计与造物的结合。新知识和新信息与旧的造物智慧和传统文化的结合，在现代与传统之间建立起一个特殊的桥梁。文创产品注重产品的创意，不只是基于文化的创意，也是对于设计思路、产品认知、产品审美等诸多方面的创意，在文创产品设计的各个环节都可以进行创新，可以加入新的创意。

单就中国传统文化来看，在进行文创产品设计时，有着丰富的文化元素可以利用，再加上传统造物智慧的融入，二者在文化、精神、内涵

等方面相互之间进行融合，在融合与碰撞中又可以产生新的内容。荆楚文创产品以内容为主，设计理念与设计流程需要建立在统一的主题之下，传统造物智慧与传统文化之间的结合，可以为文创产品设计提供更多的可能性。

随着时代的发展，现代消费升级促使文创产品不管是在创意上，还是在文化表现力上，都要有新的突破。以往传统的设计理念与设计思路早已不能满足人们对于新事物、新的文创产品的需求。现代社会，人们的物质生活已经得到很大程度的满足，人们开始追求更高层次的精神生活。因此，人们对文化、知识、精神等都有更高层次地追求。如何用现代人的思维来进行文创产品的设计成为开发者慎重考虑的问题。就现有的资源和平台来看，传统造物智慧与传统文化的融入可以为文创产品的设计与研发提供更多的可能性。

随着时代的发展，传统造物智慧与传统文化会以有不同的形态和样貌存在，会在当时时代发展的背景下，发挥其应有的作用和价值。传统造物智慧与传统文化的实质不会发生改变，但会受到时代大背景或是小环境的影响，这些影响，也有可能催生出新的文化与新的文创设计理念与思路。

从审美方面来看，造物与文化可以通过审美进行有效的连接。不管是传统造物的理念、设计、产品构造，还是传统文化中所包含的文化审美，或是对世界的认知和审视方式，其中都包含一个相类似的审美标准与审美思维。虽然每个人的审美标准不尽相同，每个人对同一事物都有自己不同的理解与看法。但从整体上，或是从群体上来看，审美有着一定的相通性。

如传统造物智慧中的物尽其用、天人合一、寓意深远等理念，也是受传统文化的影响。中国传统文化之中，也在追求人与自然的和谐相处，追求"物我相忘"，古时的文人墨客也常常沉浸在自然之中，达到忘我的境界，人与周围环境的融合，人与自然的融合，人与文化的融合，都

第七章　传统造物智慧融入荆楚文创产品设计开发的发展展望

可以体现出天人合一的思想。天人合一的理念可以延伸到更广的范围内，我们身边的万物都可以存在一种或多或少的关联性，文创产品的开发者如果将这种万物之间的关联性充分加以利用，可以从各个领域、各个行业，甚至外界提取可以为自己所用的灵感与知识。文创产品的开发者可以从大自然的一草一木中汲取色彩的灵感、构造的灵感、审美取向的灵感、光线搭配的灵感、情感表达的灵感等。

此外，文创产品的开发者在观察外部世界时，也会对周围世界的感触发生变化，自己在学习和调整时，可能会产生更多的想法，不管是对审美的评判、对事物的理解方式、对事物之间的关系的思考，还是因此而产生对生命的感悟，其中每一次体验都是对开发者原有认知的重新革新。

文创产品从根本上来说，是开发者自我的一种表达，因此，文创产品创新突破的重要因素在于开发者自身的成长与修养。文创产品并不会主动地进行创造，而是需要开发者将自己对审美的认知，对周围事物的感悟，以及对世界的审视与理解，表达在文创产品之中，这一过程可以理解为文创产品的人格化的再现。为文创产品赋予人的情感并不是刻意为之，而理应是文创产品的开发者的自然情感表达作用于文创产品之上。文创产品是开发者与消费者之间的情感关系连接的一个纽带。文化是其中重要的一个符号表达，通过图案、文字、符号等可见的方式，展现出文化的深层内涵与精髓。文创产品从开发者的设计开始，到消费者的欣赏过程，其中是情感的表达，同样也是信息的传递。这些信息可以包含情感、审美、感知等诸多无形的内容。有形可见的图案、文字、符号，与无形的情感、审美、感知碰撞在一起，会摩擦出不一样的火花，而这种火花也会进一步激发开发者的创作设计的灵感。文创产品的开发者需要大量灵感运用到产品设计之中，这些灵感的产生，由符号、文化、文创、人，以及各种与之相关联的事物而起。

万物之间都存在着相互之间的关联性，传统造物智慧融入荆楚文创产品设计开发成为自然而然之事，这是一种在文创产品设计之中的探索，同时，也是对传统造物智慧和传统文化的一次重新审视。不只是对文创产品而言，同时，可以在其他各行各业，都可以运用传统造物智慧的思维和传统文化的深刻内涵进行更多的思考和尝试。社会需要不断向前发展，人们的生活和工作的质量需要不断地提高，我们对中国优秀的传统文化的深入挖掘，可以在今后的各个时期都有所发现，同时也都会发现新的可能性。

参考文献

[1] 郑刚强，刘明德，闫栋栋. 文化创意产品设计 1[M]. 武汉：武汉理工大学出版社，2021.

[2] 湖北省博物馆. 湖北省博物馆文化创意产品图录 [M]. 北京：科学出版社，2019.

[3] 陈波，张卓，王少华等. 荆楚文化的可视化传播与价值拓展 [M]. 武汉：武汉大学出版社，2018.

[4] 张正明. 荆楚文库楚文化史 [M]. 武汉：湖北教育出版社，2018.

[5] 许倬云. 西周史增补 2 版 [M]. 北京：生活·读书·新知三联书店，2018.

[6] （东汉）王充. 古典名著白文本：论衡 [M]. 长沙：岳麓书社，2015.

[7] 王生铁. 楚文化概要 [M]. 武汉：湖北人民出版社，2013.

[8] 杨权喜. 楚文化 [M]. 北京：文物出版社，2000.

[9] 王勇. 楚文化与秦汉社会 [M]. 长沙：湖南大学出版社，2009.

[10] 蔡靖泉. 楚文化流变史 [M]. 武汉：湖北人民出版社，2001.

[11] 马世之. 中原楚文化研究 [M]. 武汉：湖北教育出版社，1995.

[12] 潘啸龙. 屈原与楚文化 [M]. 合肥：安徽文艺出版社，1991.

[13] 姚汉荣，姚益心. 楚文化寻绎 [M]. 上海：学林出版社，1990.

[14] （美）科特·施塔格；孙亚飞译.诗意的原子[M].北京：北京联合出版公司，2016.

[15] 张正明.楚文化志[M].武汉：湖北人民出版社，1988.

[16] 后德俊.楚国的矿冶髹漆和玻璃制造[M].武汉：湖北教育出版社，1995.

[17] （宋）洪兴祖.楚辞补注[M].北京：中华书局，1983.

[18] （汉）许慎，（清）段玉裁注.说文解字注[M].上海：上海古籍出版社，1981.

[19] 刘兰英.中国古代文学词典 第5卷[M].南宁：广西教育出版社，1989.

[20] 龚怡慧.基于非遗文化阳新布贴的儿童布艺玩具开发设计[J].包装工程，2020，41（24）：209-213.

[21] 胡易容.传播研究的符号学范式、流派及观念[J].内蒙古社会科学，2020，41（6）：181-188，213.

[22] 应艳，陈炬.天一阁之符号意象与文创产品设计研究[J].包装工程，2018，39（6）：127-132.

[23] 龚怡慧.产品造型设计中的文化符号探究[J].艺术探索，2015，29（03）：107-108.

[24] 龚怡慧.论文化符号在产品设计中的视觉表达[J].设计，2015（06）：118-119.

[25] 高崇文.东周楚式鼎形态分析[J].江汉考古，1983（01）：1-18+50.

[26] 方壮猷.初论江陵望山楚墓的年代与墓主[J].江汉考古，1980（01）：59-62.

[27] 袁朝.江陵马山一号楚墓刺绣品图案考释[J].中原文物，1993（01）：50-55.

[28] 湖北省博物馆.襄阳山湾东周墓葬发掘报告[J].江汉考古,1983(02):1-35+95-101.

[29] 寇燕,欧阳巨波.浅析楚国玉器的分类及文化表现[J].美与时代(上半月),2010(01):61-63.

[30] 曲石.楚玉研究[J].江汉考古,1990(03):65-79.

[31] 胡雨霞,龚怡慧.中国传统文化在产品形态设计中的体现[J].湖北工业大学学报,2009,24(03):64-65.

[32] 杨佳琪.楚文化艺术元素在旅游文创产品设计中的应用研究[D].湖北工业大学,2020.

[33] 周土琪.基于现代纸艺的荆楚旅游衍生品设计研究[D].湖北工业大学,2020.

[34] 程维肖.荆楚凤纹元素在文化创意产品设计中的应用研究[D].齐鲁工业大学,2020.

[35] 秦思.湖北省博物馆文创产品可持续设计研究[D].湖北工业大学,2020.

[36] 熊文文.荆楚传统纹样在武汉旅游文化品牌形象设计中的应用实践[D].天津工业大学,2020.

[37] 余雯静.湖北省博物馆新中式文创产品设计研究[D].武汉工程大学,2019.

[38] 陈姣.荆楚纹饰在视觉传达设计中的当代创新[D].长江大学,2019.

[39] 王园媛.楚文化元素在文创产品中的运用[D].湖北省社会科学院,2018.

[40] 王韵.湖北省博物馆文创产品开发与经营研究[D].华中师范大学,2018.

[41] 陈妍冰."鱼米楚乡"文创产品及品牌推广设计[D].重庆大学,

2018.

[42] 李青. 地域性文创产品品牌符号设计 [D]. 湖北工业大学，2016.

[43] 汪溪雨. 当代审美视域下楚纹样视觉表现与纤维艺术创作研究 [D]. 湖北美术学院，2021.

[44] 侯熙. 楚凤鸟纹在荆州博物馆视觉形象设计中的应用研究 [D]. 湖北美术学院，2020.

[45] 李海燕. 楚剧文化衍生品开发设计 [D]. 湖北工业大学，2020.

[46] 邵冲. 楚文化元素在品牌形象设计中的应用研究 [D]. 武汉工程大学，2020.

[47] 茅麟. 楚文化中的凤鸟图像研究与应用 [D]. 南京师范大学，2020.

[48] 李超. 解构与重组 [D]. 武汉理工大学，2020.

[49] 吕紫薇. 楚艺术元素在现代设计中的应用研究 [D]. 湖北省社会科学院，2019.

[50] 向真子. 楚文化中视觉元素的当代应用 [D]. 长江大学，2019.

[51] 卢佳智. 楚凤鸟纹饰在现代文创产品中的运用 [D]. 长江大学，2019.

[52] 夏贝. 楚文化在现代文创产品设计中的应用研究 [D]. 四川轻化工大学，2019.

[53] 陈筱旻. 楚文化图形符号在湖北省博物馆文创产品包装设计中的应用研究 [D]. 广西师范大学，2018.

[54] 冯媛媛. 当代博物馆文化创意产品设计研究 [D]. 湖北美术学院，2018.

[55] 邓小庆. 楚式漆器造型元素在文创产品设计中的应用研究 [D]. 湖北工业大学，2018.